坚韧之道

坚韧之道

活出生命，引领未来

Lucy Chen （露茜） 【著、译】

GIFTED BOOKS

COPYRIGHT @2024 LUCY CHEN

坚韧之道

ISBN

978-1-96626-100-1   Paperback

978-1-96626-101-8   Hardcover

献给我的父亲和母亲，他们以生命之光照亮了我的成长之路。

目录

引言

"宝宝在哪儿?"妈妈问道,焦急地扫视着我们面前的一排排座位。

宝宝是我大女儿的小名。2022年5月18日,我们正在洋基体育场参加她的大学毕业典礼。那天早晨,空气清新凉爽,现场充满了庆祝的气氛。上午10点30分,球场已挤满参加纽约大学毕业典礼的家人。我指向学生们坐的区域回答:"她应该在那里。"妈妈的眼中闪烁着激动的光芒,寻找着宝宝的身影。然而,此刻我的思绪飘向了父亲,泪水不由自主地涌上了眼眶。我多么希望他也能在这里,与我们一起分享这难忘的时刻。

父亲在五个月前去世了。他最期待的一件事就是庆祝我大女儿的大学毕业,然而,他没能等到那一天,这让我心痛不已。我的父母都于20世纪60年代初毕业于中国的大学。和大多数中国父母一样,他们非常重视教育。他们最兴奋的日子莫过于1996年参加我从加州大学洛杉矶分校毕业典礼的那一天。父亲去世后,我整理他的重要文件,在他的床头柜上发现了我的毕业照,我意识到他是多么珍视那个时刻。那一天,他实现了抚养我并给我提供最好教育的梦想。二十六年后，我也可以自豪地说，我为女儿提供了最好的教育，自己的梦想也得以实现。

我的孩子们这一代非常幸运，他们没有像我父母一样经历二战、内战和大饥荒期间的赤贫和饥饿。我父母那一代人从 20 世纪 30 年代到 60 年代经历了无数艰辛。那时的中国是世界上最贫穷的国家之一，全世界仅有 10 个国家人均 GDP 低于中国（Prashad and Ross 2021）。 Statista （全球统计数据平台）报告称，1950 年中国婴儿死亡率极高，当时近五分之一（即 20%）的婴儿未能活过1岁生日（O'Neill 2022），而 1950 年美国的婴儿死亡率仅为千分之二十九点二 （即 0.292%） （IOM 2003）。

我的孩子们也没有体会过我和同龄人所经历的食物短缺，那时，政府根据年龄和性别发放粮票、肉票等配给卡，我们用以购买有限的生活必需品。孩子们也未像我一样经历第一代移民的艰辛，其中包括面对文化和语言障碍的挣扎。相反，她们从出生起就享有丰富的资源，舒适的生活条件，种类繁多的营养食物，教育和职业的多样化选择。如果我小时候有人预测未来我们会过上现在的生活，我会觉得那是天方夜谭，不会相信。现在的生活正是我父母那一代人梦寐以求的，也是我们这一代人奋斗的目标。

是啊，我父母那代人，经历了从二战到文化大革命期间无数的磨难。那时的中国，六分之一的人口流离失所（Klein 2022），近

3000 万人在 1960 年至 1962 年间的大跃进期间死亡（Brown 2012）。

"是什么帮助您度过了那些艰难的时期？"我曾问过父亲。

"我们别无选择，"他回答道。

我问妈妈："是什么推动您走向成功的人生？"

"乐观。永不放弃。"她对我微笑。"我也很幸运，"她补充。

保持乐观确实帮助了她，让她在黑暗时仍然梦想着光明的未来。此外，坚韧是她和父亲共同拥有的另一种品质。经历艰难的岁月往往会对一个人的情绪和健康产生巨大影响，我的父母经常感到无助，被压力和焦虑所淹没，然而，他们克服了这些挑战。他们的故事让我发现了他们成功背后的几个特质——韧性、乐观、积极、善良、希望、承诺、奉献等等。正因为具备这些品质，他们才能在艰难的世界中乘风破浪，成为生活的强者。

回顾我们家三代人（我的父母、我自己以及我的孩子）的人生旅程时，我不禁思考，我孩子这一代人是否真正珍惜他们拥有的资源并具备应对生活风暴的坚韧？今天的年轻人如何能从前辈的智慧和经验中汲取教训，学习感恩，适应环境和持守宝贵的价值观呢？

我在工程、咨询、风险管理和可再生能源领域，任职多年，并有所建树。而且，我还有机会当职业教练和人生导师，这使我有机会接触各行业不同背景的人士。我尤其擅长辅导和帮助移民、女性和年轻人，我了解他们的挣扎，也坚信他们有能力成长和成功。每个人都可以从那些经历过生活艰辛的人那里学到韧性，并从中激发出自身的力量，过上更丰盛的生活。成功依靠韧性，理解这点至关重要。要做到建立韧性，我们需要从滋养和治愈身体和心灵开始，还要改变固有的思想和观点，然后再通过行动改变生活习惯，并向他人学习和汲取力量。这就是我们所说的"那些没有打倒我们的，终将让我们变得更加强大"。

截至目前，虽然美国的一些地区仍然需要带口罩，世界某些地方仍处于高度戒备状态，但我们的生活几乎已经回到了新冠病毒大流行之前的状态。然而，生活似乎也变得比以往任何时候都更有压力，这些压力导致了各种心理健康问题。绝大多数美国人认为国家正在经历心理健康危机（McPhillips 2022）。

压力背后的原因是什么？心理学家玛丽·卡拉佩蒂安·阿尔沃德 (Mary Karapetian Alvord) 指出，她的客户面临的最大压力源于不确定性。2022 年德勤对 Z 世代和千禧一代进行了调查，结果证实了阿尔沃德的发现，调查报告指出，Z 世代和千禧一代的压力和焦虑处于高水平，尤其是年轻的受访者（全球人才 2022）。

在一个充满不确定性的世界中，我们确实需要建立韧性，因为韧性帮助我们管理心理压力、直面挫折和挑战。在艰难困苦中，我们需要调整思路和灵活应对，坚韧是过程也是结果（American Psychological Association 2022）。我们每个人都不可避免地会遇到挑战，如何应对挑战决定了我们是否能成功。

我写这本书正是为了帮助那些在生活中感到困惑的人们。这本书也适合那些为明天忧虑的人们。对于刚抵达这个国家的新移民、或感到不安全或自卑的人，这本书也是一门好工具。我想让读者知道，他们可以面对所有挑战，有能力在任何情况中反败为胜。简而言之，这本书适合任何想要增强韧性并过上丰盛生活的人。

在本书的第一部分中，我讲述了我的家庭历史，故事跨越八十多年，横跨中美两个国家。在第二部分中，我总结出以下建立韧性的七项原则：

1. 滋养和治愈
2. 希望、梦想和目标
3. 心怀感恩和知足常乐
4. 精神信仰
5. 成长
6. 社区和联系
7. 简单的生活

即便在这个互联网和高科技时代，老一辈的经验和技能也能对年轻人有所帮助，我们可以像他们一样通过改变固有思维、信仰和习惯来勇往直前。每个人都可以相信自己的力量，掌握人生，谱写未来。

人类是有韧性的。我们拥有与生俱来的力量，能够让我们在这个不断变化的世界中生存和发展。面对挑战，我们可以学习、成长和进步，而且我们每一代人都比想象的更强大。坚韧可以通过多方面来建立和增强，这包括：滋养身体和心灵，保持希望和目标，实践感恩，依赖信仰，持续进步，并与他人建立联系。那么，就让我们回到我父母那一代，看看他们都经历了什么，以及是如何走出苦难和困境的。

第一部分

生活

第一章

我的父亲

童年

我的父亲，大保，1936年出生于北京。他的名字象征着力量与勇气。

父亲出生的次年，日本全面入侵中国，开始了长达八年的血腥战争。历史学家认为，第二次世界大战实际上并非始于波兰或珍珠港，而始于1937年7月7日在北京郊外爆发的卢沟桥事变。当时，日本和中国军队发生冲突，几天内，局部的冲突演变为中日之间全面但未宣战的战争（Mitter，2023）。战争的阴霾迅速席卷了半个中国，南京作为中国首都也未能幸免。1937年12月，日本帝国陆军在六个星期内对南京进行了残酷的大屠杀。据估计，在短短数周内，日军杀害了大约二十至三十万中国人，其中包括士兵和平民。我的父亲就在此动荡时期出生于北京。

日军在中国各地推行杀光、烧光、抢光的"三光政策"，使无数中国人惨遭屠杀，家园被焚毁，粮食被掠夺。到1942年，日军已经占领了包括北京在内的多个中国北方城市。据《太平洋战争暴行教育》所述，"日本占领了中国约四分之一的领土和三分之一以上的人口。在他们直接控制的地区之外，日军还深入中国领土进行轰炸、抢劫、屠杀和袭击，几乎没有地方是他们无法渗透的。"（Witzke, 2017）

战争让整个国家陷入了巨大灾难，人民四处逃亡，生活在恐惧和绝望之中。1937年，日军占领了父亲的家乡——北京。抗战初期，大保一家虽然生活简朴，但还算稳定。然而，战争彻底打破了这种宁静，人人都感受到恐惧和焦虑。

有一段时间，平民们为了躲避日军的袭击，纷纷逃匿，大保一家也不例外。每当邻居发出日军即将到来的信号，所有人都会迅速撤离，躲在能找到的任何建筑物里。那是决定命运的一天，邻居们听闻日军即将进驻这一带，纷纷跑进附近的隧道藏身。当大家都屏住呼吸，试图保持安静时，还是婴儿的大保突然哭了起来。无论母亲如何哄他，他依然哭个不停。

四周的人都很紧张，有人责备道："谁家的孩子在哭？要是日本人听见了，我们都会被杀掉。"

在这片紧张和混乱中，大保哭得愈加响亮，甚至有人开始喊着让母亲抛弃孩子。他的母亲起初不愿，但在巨大的压力下，终于忍痛将大保放在隧道口。她含着泪水，心中祈祷，盼望孩子会因害怕而安静下来。这个决定撕心裂肺，大保是她最心爱的孩子，怎么可能丢弃他呢。但如果不这样做，孩子的哭声可能会危及所有人。她身心崩溃，绝望地哭了出来。

就在这时，父亲的祖母站了出来，怒火在她的胸中燃烧。她不顾其他人的反对，毅然决然地抱起大保。她，一个裹着小脚的女人，坚定地抱着孙子，义无反顾地走出了隧道。她下定决心，与他共存亡。然而，幸运的是，日军那天并未在附近搜查到任何人，他们祖孙俩得以幸免。这一天，本可能是一个悲剧的开始，却演变成了充满勇气、坚韧和爱的传奇故事。这是父亲第一次与死亡擦肩而过，他的家人后来多次讲述这段传奇。

像许多普通家庭一样，战争让大保的家庭陷入了困境。随着战争持续，资源匮乏，收入减少，生活更加艰难。到1945年，中国经历了长达八年的血战，最终取得胜利。根据BBC的报道，中国在战争中的军民伤亡人数超过了一千四百万，仅次于苏联，成为二战中损失最为惨重的国家之一（Wingfield-Hayes 2015）。同年8月，日本向盟军投降，第二次世界大战宣告结束。

然而，战争的结束并没有带来真正的和平。紧接着，国共内战爆发，国民党与共产党之间的斗争进一步逼迫着那些在日本侵略中幸存的人们。据《收藏家》报道，这场战争是现代历史上最血腥的内战之一，大规模的暴行导致180万至350万平民丧生。这场战争被作者列为二十世纪继两次世界大战之后的第三次最血腥的战争（Benabdeljalil 2023）。

在长达十多年的抗日与内战中，父亲的家庭日益贫困。大保的父亲是家里唯一的工作者，但他的工资远不足以养活他的母亲、妻子和三个孩子。作为长子，大保从小就承担起照顾家人的责任，他感到自己有义务帮助家里分担重担。他的祖母总是对他充满疼爱，经常对他说："你是我的长孙，是多么能干的好孩子。"

怀着这份深深的责任感和祖母的鼓励，大保早早地承担起家庭的经济责任。六岁时，他开始卖报纸，虽然年纪小，但他从不怠慢，每天凌晨5点前起床，与其他孩子一起去报纸分发点领取当天的报纸。如果去得晚了，附近街区的邻居就已经从其他孩子那里买到报纸了，他不得不提前出门，快速奔跑，抢在其他孩子前面。每天上午，他都会在街头大声吆喝卖报纸。那些卖不出去的报纸，他只能自掏腰包承担损失。

最难熬的，是寒冷的冬天。大保经常饿着肚子，拖着疲惫的身躯，顶着刺骨的寒风坚持工作。有一天，他疲惫至极，饥肠辘辘，正准备坐下来休息，竟因饥饿昏厥过去。几分钟后，冰冷的地面和呼啸的寒风将他惊醒，他已经虚弱得无法动弹。

想到自己离叔叔家不远，他勉强挪动脚步走了过去，他打招呼，"叔叔、婶婶，早"。

虽然他不好意思直接要吃的，但叔叔似乎看出了他饥饿的模样，微笑着邀请他进屋吃饭："你来得正好，我们刚煮好了面条，快过来一起吃吧。"叔叔递给他一双筷子。

大保坐下来，感激地吃完了一大碗面条。他告诉我，那碗面条是他这辈子吃过的最好吃的东西，里面有一些扁豆，从那天起，扁豆面成了他心目中最美味的食物。

大保十岁时，他的右腿因被蚊虫叮咬而感染。起初他并不在意，后来伤口开始渗出黄色的脓液，疼痛难忍。然而，他不愿麻烦母亲和祖母，坚持忍耐了两个月，直到伤口恶化，感染蔓延，腿部开始肿胀，才不得不求助。母亲和祖母尝试了各种方法，但效果甚微。连当地的医生也束手无策，担心大保可能会失去这条腿。幸运的是，感染的部分位于小腿后侧，未伤及骨头。

随着冬天的到来，感染逐渐加剧，疼痛也变得越来越难以忍受。一次，他去附近的教堂领取一些免费食物，那时教堂常为穷人分发救济物资。趁着机会，大保向神父提起了自己的伤情："先生，您有什么药可以治吗？"

神父是一位头发花白的外国人，对小孩子非常友善。他翻找自己简单的物品，找到了一包牙膏粉。他递给大保，说道："试试看吧，孩子。它有抗感染的成分，或许能起作用。"

尽管不确定这能否治愈伤口，但这已经是他能找到的最好的药物了。大保感激地接受了神父的祝福，道谢后赶紧回家。他心里坚信，这位善良的老人一定有神奇的力量。大保每天坚持两次涂抹牙膏粉。约一周后，感染的部位开始缩小，再过两三周，伤口竟奇迹般完全愈合了。经历了几个月的痛苦折磨后，这简直就是一个奇迹—大保的腿得救了，而他也从此对那个神父心存感激，同时也学会了更加细心地照顾自己的身体。

1949年10月1日，随着毛泽东在天安门庄严宣布中华人民共和国成立，国共内战画上了句号。同年年底，几乎整个中国大陆都归于共产党的领导，人们终于摆脱了长期战争的阴霾，开始享受相对平静的生活。

然而，大保的父亲病倒了，没过多久便因病去世，家里顿时陷入了巨大的悲痛与困境。家中全是孤儿寡母，大保的祖母、母亲、姐姐、六岁的弟弟，还有年仅十四岁的大保。失去顶梁柱后，养家的重担全都落在了祖母和母亲这两位寡妇的肩上。她们都是传统妇女，受教育程度不高，缺乏技能和工作经验。在大保的父亲生病期间，这两位勤劳的女性在家里操持家务的同时，努力找些零活维持生计，比如照看邻居的孩子、替人洗衣缝补等。父亲去世的那一年，大保深感责任重大，他明白自己必须肩负起养家的重任，成为这个家庭的支柱。

大保和姐姐为了维持生计，不得不同时打几份工。其中一份工作是在一家自行车厂做工人。工作强度大，时间长，但收入却十分微薄。每天，他们要不断搬运沉重的金属和轮胎，身体疲惫不堪。每天下班后，他们连说话的力气都没有，只想倒在床上，一动不动地休息。高强度的体力劳动让他们筋疲力尽，休息成了他们缓解疲劳、恢复体力的唯一方式。

然而，最严峻的挑战是食物匮乏。大保一家时常一天只能吃上一顿饭。尽管大保饥肠辘辘，他却从未抱怨过。他的宠物狗花子，也因为家里粮食不足只能在街上四处寻找垃圾填饱肚子。偶尔，它运气好，能在街角找到一些残羹冷炙，勉强充饥。有一天，大保的母亲带着微薄的工资回家了，那也许是她发工资的日子。她兴奋地买了些玉米粉，做了一锅玉米面窝头。还没等她把大家叫来吃饭，花子就按捺不住内心的激动，扑到桌边，兴奋地吠叫着，尾巴不停地摇晃。好几个星期没尝到这么香的食物，花子迫不及待舔了一口窝头，随后急切地把它推到地上，准备好好享受这难得的美食。

看到这一幕，大保的母亲气不打一处来，厉声责骂道："坏狗子！你胆子倒不小！孩子们还没吃呢！"

花子立刻停住，低低哼了一声。它低下头，叼起窝头，轻轻放到大保母亲脚边，显然知道自己做错了。

这时，大保走了出来，看到这一幕，赶忙对母亲说道："妈妈，它很可怜……它能不能吃我的那份呢？"

母亲叹了一口气，内心也为花子感到不忍。

"算了，不用让出你的那份，吃你的吧。"她柔声对大保说道。

接着，她转向花子命令道："好吧，你吃这个窝头吧。"

然而，花子这次不敢轻举妄动，只是小心翼翼地看着大保和他的母亲。母亲语气缓和地对它又说了一遍，大保也拍了拍它的头，笑着说道："好了好了，吃吧，好孩子。"

直到这时，花子才敢放下戒备，欢快地大口咀嚼起了窝头。

大保的童年历经重重艰难与挑战，饥饿和疾病的阴影始终笼罩，失去父亲的悲痛与繁重的劳作更让生活雪上加霜。然而，家庭中的爱与关怀始终温暖着他，让他对家人怀有深深的感激之情。这份感恩之心点燃了他内心的希望，无论面临多大的困境，他始终怀揣着对美好未来的向往和憧憬。

在家人中，大保与祖母的感情尤为深厚。他永远无法忘记那段战争岁月，自己因哭声几乎丧命，而祖母毫不犹豫地抱起他，宁愿牺牲自己也绝不放弃他。祖母的一生满是坎坷，但她始终坚韧不拔。她抚养了四个孩子，却有三个早早离世。即便经历如此苦难，她的乐观和豁达如同一盏明灯，照亮了大保和全家人前行的道路。

成年

大保的父亲是一位博学多才的人，他重视教育，不遗余力地鼓励孩子们好好上学。虽然大保年纪轻轻就开始打工补贴家用，但他从未放弃学业。那个年代，贫困家庭的女孩子很少有机会接受教育，大保的姐姐也没能例外。相比之下，大保是幸运的，他得以继续上学，深知这机会来之不易，因此格外珍惜。

1949年中国内战结束时，能够上学的人寥寥无几，甚至连基本的识字能力也成了稀缺技能。共产党执政后，着手实施一系列政策，旨在提高全民受教育机会，降低文盲率。《纽约时报》报道指出，在1949年至1952年国民经济复苏的过程中，政府优先保障贫困人口的基础教育权利，支持学校建设，尤其加强初等教育。此外，在社会主义初级阶段，国家效仿了苏联的教育模式，特别强调工程技术和生产劳动，以加速教育体系的重建（Tao, Berci, & Wayne 2023）。

新中国成立后，大保和他的姐姐和弟弟弟终于迎来了受正规教育的机会。尽管他们依旧需要依靠兼职工作来维持生计，但这并未影响他们的学业。大保高中毕业后立即参加工作，凭借他的努力，家庭的经济状况得到了显著改善，他能够支撑起祖母、母亲和弟弟的基本生活。与此同时，姐姐也找到了一份更稳定的工作，结婚并搬出家门。作为家庭的顶梁柱，大保为自己对家人的贡献感到由衷的骄傲。

1958年，随着大跃进的开始，政府制定了将中国从农业社会转型为共产主义工业社会的计划。这一计划急需大量的科技人才。于是，中国科学院于同年在北京创办了中国科学技术大学（USTC），目标是培养国家最具潜力的科技精英（*The Times Higher Education* 2023）。

多年的战争给国家带来了巨大的创伤，社会急需恢复和发展。由于对科技人才的迫切需求，政府在上世纪五十至六十年代推行了一项重要政策，为所有大学生支付学费和生活费，并为来自贫困家庭的学生提供每月补贴。这些福利无疑是雪中送炭，帮助了许多寒门学子。

这一年，大保怀着满腔热情申请了这所学校，凭借优异的学术成绩，他顺利被录取，进入了固体物理专业，四年后，他成为中国科学技术大学的第一批毕业生。入学时，大保21岁，聪明好学，他不仅理论知识扎实，还拥有丰富的工程设计经验。他非常珍惜在中国顶尖学府学习的机会，刻苦钻研，每日徜徉在知识的海洋中。但大保并非是只懂读书的书呆子，大学期间他因身材高大和出众的运动天赋，被选入校篮球队，成为球队的重要一员。

然而，岁月静好中，他毫无察觉另一场风暴正在悄然逼近。1959年春至1961年底，中国遭遇了前所未有的大饥荒，这场灾难夺去了大约三千万人的生命，此外，同样数量的婴儿在这期间夭折（Smil 1999）。配给的粮食远远不足以维持生活，尤其对于成年男性，他们需要更多热量，食物的短缺变得更加严峻。许多人因饥饿晕倒，营养不良的现象比比皆是。

大保在学年伊始就搬进了大学校园，这也正好减轻了家里的负担。由于不在家吃住，他就不会和母亲和祖母分享本已稀缺的食物。那时的妇女心疼家中的男性成员，宁愿自己少吃也要留给男性。在校园里，大保完全只能依靠自己得到的食物配额。然而，这样的配额对他这个身材高大的男性来说，根本不够，更不用说他还进行体力消耗巨大的运动训练。

一天下午，大保像往常那样去练习篮球。不到半小时，他便感到体力透支，汗水湿透了衣衫。为了缓解疲劳，他决定停下来稍作休息，准备坐在地上喘口气。突然间，他感到一阵头晕，双腿发软，不得不扶着墙缓缓坐下，随即失去了意识。

不知过了多久，嘈杂的声响和寒冷的空气将他唤醒。他感到筋疲力尽，饥肠辘辘，缓慢地站起身，踉跄地朝宿舍走去。在那个时期，因饥饿晕倒已是常事，大家都明白这是粮食不足的结果，而唯一的应对办法就是多喝水，暂时填饱肚子。回到宿舍后，大保在走廊里遇到了一个朋友。

"你听说了吗？有个学生住院了，这次不是因为饥饿，而是肺结核。医生说，他需要营养才能康复，但他的粮票不够用。"朋友告诉他。

"我可以把我的粮票捐给他。我这个月还剩下一些呢。"大保焦急地说道。

朋友担忧地提醒他："你行吗？你个子那么高，需要的食物也多。"

但大保毫不犹豫地点点头："没关系，我可以勒紧腰带，再多喝些水。"

于是，他和其他同学一起捐出了自己的粮票。捐出粮票意味着自己要忍饥挨饿，甚至可能危及生命，但大保觉得救人性命更为重要。为了节省粮食，他经常主动少吃一顿饭，心里觉得自己已经很幸运，毕竟身体依然健康。连续几个月，他将自己的粮票捐给生病的同学，直到对方康复出院。大保的无私与善良尤为难得，他不仅是学院里个头最高、体力消耗最大的学生之一，还要参加高强度体力训练，他依然选择优先帮助他人，这种品质实在令人钦佩。

在接下来的两年里，大保继续勒紧腰带，靠多喝水和多睡觉来熬过饥饿的日子。尽管饥饿让他极度虚弱，但这并没有阻止他努力学习。1963年，大保以优异成绩顺利毕业。此时，国内的粮食供应状况终于有所好转。

多年后，由于工作上的杰出表现，大保受邀到多个组织发表演讲，并荣获许多奖项。他将自己的收入捐给了"希望工程"，这是一个旨在服务中国农村贫困地区的非营利组织，帮助建设学校，扶持贫困家庭的孩子完成小学教育。大保曾亲身经历饥饿和贫困，所以他对那些需要帮助的孩子们感同身受。他深知教育和机会的重要性，也因此对自己能有机会接受教育充满了感激。

婚姻

从中国科学技术大学毕业后，大保开始在一家国家级的金属研究机构担任工程师和物理学家。当时，钢铁生产是加快中国工业化进程的首要任务之一，因此该研究所成为中国最重要的研究机构之一。大保兢兢业业，力求在研究项目中做出贡献。

到了1964年，大保已经是物理研究室的一名称职的工程师和科研人员。有一天，科研组主任交给他一项新任务：迎接新分配来的大学毕业生。当大保推门进入等候室时，一名女毕业生紧张地从椅子上站起来，以为大保是领导，深深鞠了一躬，说道："您好！"

大保微笑着温和地回应道："你好！欢迎来到我们部门，请坐。"

她有一双明亮的大眼睛，长长的黑辫子垂在肩上，年轻美丽又真诚的模样让大保很有好感。等大家做完自我介绍后，女学生才意识到大保并不是领导，刚才的鞠躬让她觉得有些尴尬，心中不免忐忑。这位女学生正是我的母亲——小琴。

大保非常热情地接待了新来的毕业生们，带他们参观研究室，并一一介绍他们给在场的工作人员。经过这些介绍，小琴紧张的心情放松下来。她注意到，大保不仅年轻高大，而且英俊又温和，散发出一股知识分子的气质，既善良又博学。

大保专攻固体物理，而小琴则从事冶金物理研究。两人因相同的学术兴趣互相吸引，从相遇到相知，最后决定携手步入婚姻殿堂。这是他们相识后的第二年——1965年。多年后，他们常常开玩笑，笑说当年小琴见到大保的第一反应便是深深鞠躬，戏称这便是"一见钟情"。

然而，命运似乎开了他们一个玩笑。大保接到一项工作任务，被派往贵州省一个以汞矿闻名的偏远小镇工作数月，婚礼不得不暂时推迟。当大保完成任务回到北京时，感到极度疲惫，持续的身体不适让他怀疑自己身染重病。医生的检查结果表明，他患上了汞中毒。由于当时工作条件艰苦，防护设备极其简陋，不仅大保出现了汞中毒的症状，其他同事也有类似的健康问题，表现为持续的疲劳、嗜睡和头痛等症状。

当小琴满怀期待地与大保讨论婚礼计划时，大保却犹豫了。

他轻声对她说："我现在正在与病魔作斗争，可能永远无法完全康复。你不应该嫁给一个病人，你值得找一个更健康的丈夫。"

听到这些话，小琴生气了。她早已下定决心，无论发生什么都要嫁给他。作为一个孤儿，她对家庭的温暖和爱有着强烈的渴望。好不容易遇到一个既温柔又深爱她的人，她怎能轻易放弃？

她坚定地对大保说："你会康复的，我会照顾你。不论是疾病还是健康，我都会陪在你身边。"

凭着这份执着和决心，他们于1966年1月结为夫妻。每次听到这个故事，我都会感到庆幸，如果他们当时没有结婚，就不会有我的存在。

母亲是对的，父亲的病情最终得到了好转。正如她当初承诺的那样，在他们长达五十多年的婚姻中，母亲始终尽心照顾父亲，尤其在他生命的最后时光里，日夜不离。而父亲对母亲的爱也是发自内心的真情，对她始终充满了尊重、慈爱与依赖。他常常提醒我们，母亲从小失去父母，历经磨难，我们要格外珍惜她。我从未见过我的父母争吵，他们总是彼此温柔相待，相亲相爱。我亲眼目睹他们的深情，明白了什么叫"执子之手，与子偕老"。

婚后不久，小琴怀孕了，全家人都为新生命的到来兴奋不已。尤其是大保86岁的祖母，她是家里最激动的人。虽然因病几乎无法起身，但她仍然坚持为即将到来的曾孙缝制棉衣和棉裤。

"我要为我的曾孙做最好的婴儿服！"她骄傲地告诉每一个人。

"不用这么着急，时间还很充裕。"大保的母亲温柔地提醒她。

"万一小家伙提前降生呢？曾祖母做的衣服有福气，我得抓紧时间做好。"也许她已经预感到自己时日无多。到了12月底，大保的祖母终于将小宝宝的衣服做好了，她心满意足。

每天清晨，大保出门上班前，都会轻轻抚摸祖母的手，跟她道别："奶奶，再见，我去上班了，回头见。"奶奶总是叮嘱他要保重身体。每晚回到家时，他都会走到祖母的房间，轻声说道：

"奶奶，我回来了。"她的脸上总会露出欣慰的笑容，注视着她最疼爱的孙子。这种简单的互动成为他们日常生活中珍贵的仪式，二人从中享受着彼此间的深厚感情。

然而，命运总是充满不可预知的转折。一月初的一天，正在工作的大保突然感到莫名的不安，这种情绪笼罩着他，直到下午，他终于收到了消息——祖母在睡梦中安详离世了。大保坚信家人之间有某种心灵感应，当亲人去世或经历痛苦时，即使远在天涯，也能感受到彼此的变化。这也许正是他一整天情绪低落的原因。

他匆忙赶回家，走进祖母的房间，那里早已空无一人。枕边整齐地摆放着她亲手缝制的婴儿衣物，凝聚着她满满的爱与祝福。想到他们过去的对话，想到每天回家时的那句"奶奶，我回来了"如今再也没有了回应，他不禁泪湿眼眶。大保悲伤了很长一段时间，如果没有祖母，他可能早已在战争中丧命。祖母一生最疼爱的人就是大保，她永远把他放在心上。失去这位亲密的家人，让他感到无尽的思念与痛苦，祖母不仅是他的亲人，更是他最亲密的朋友。

结核病

三年后，1970年，我出生了，全家人都欣喜若狂。父亲自豪地向亲友们宣布："我有了个女儿！"那时的他满怀激动，轻声问母亲："我们的宝贝女儿是在清晨出生的，给她取个名字和'第一缕阳光'相关，怎么样？"母亲微笑着，将我温柔地抱在怀里，欣然同意。就这样，我的中文名字诞生了，寓意着给全家带来无尽的欢乐和希望。从那一刻起，父母始终将我视作他们生活中的灿烂阳光。

人们都说我长得很像父亲，这让他无比开心。每天，他最满足的时刻就是下班回家后，轻轻地将我抱在怀里，享受作为父亲的喜悦。他宁可不休息，也要沉浸在怀抱我的幸福中。那时的父亲还未料到，一场无法预见的风暴即将袭来，再次对他发起命运的挑战。

有一天，父亲持续的咳嗽引发了他的担忧，于是决定去看医生。医生初步诊断他可能患上了肺结核。尽管父亲已经咳嗽了一段时间，但这个消息仍然让他震惊，因为除了咳嗽，他并没有其他明显症状。

回到家后，父亲将这个令人不安的消息告诉了母亲："我可能得了结核病。"

"真的吗？医生怎么说？"母亲满脸忧虑，眼睛睁得大大的，紧张地询问道。

"医生也无法百分百确定。我的症状有些特殊，肺部一直有阴影。"父亲神情严肃地回答，"还记得那个汞矿吗？我在那工作时曾经中毒，医生认为我的肺部阴影可能与此有关，但也不排除是结核病。"

"那我们该如何治疗？"母亲声音中带着不安。

"如果真是结核病，目前也没有常规的治疗方法。"父亲苦笑着说，"为了以防万一，我必须立刻搬出去，不要把可能的细菌传染给你们。我现在就去收拾行李。"

尽管情况严峻，父亲依然安慰母亲："别为我担心。我会康复的，相信我，我不相信这病没有治愈的办法。我会常回来看你们，你照顾好自己。"

父亲并不感到害怕，毕竟他还年轻强壮。他一向对传染病十分警觉，平时就避免去人多的地方，冬天总戴着口罩，勤洗手。当我们还小时，他也教导我和哥哥如何注意个人卫生。尽管医生无法确定，父亲依然坚信自己不会患上结核病。

父亲是个天生的乐观主义者。他相信，即便真的是结核病，他的身体也一定能够战胜疾病。虽然当时结核被视为不治之症，但父亲对自己身体的恢复能力充满信心，坚信事情还远没有到无望的地步。

那个年代，我们的生活条件并不富裕，但大家的情况都差不多。肉、大米和面粉都是按配给供应，鸡蛋是为数不多的营养来源，极为稀缺。母亲怀我时，营养就十分匮乏，而现在父亲病了，需要补充营养，他不得不动脑筋，想办法获取更多有营养的食物。

父亲终于想到一个办法，他与单位食堂的工作人员商量，能否以低价买些猪骨头。那个时代，猪骨头非常珍贵，因为它可以用来煮出美味的骨头汤。猪骨头通常是留给厨师的，市场上很难买到，也不需要配给卡。

和食堂工作人员说好后，父亲每周有一两次机会从食堂买到猪骨头，然后用番茄一起炖成猪骨番茄汤。如果哪天食堂没有猪骨，他就会去街上的肉店打听。他彬彬有礼，善于与人交朋友。父亲开朗真诚的性格，总是让人愿意帮助他。考虑到自己的病情，他外出时总是戴着口罩，和人交谈时也小心保持距离。

最困难的挑战是隔离，与我们相见也是不易。由于病情，父亲计划自我隔离三个月。那时我刚出生不久，他多么渴望能抱抱我，亲亲我，帮母亲一起照顾我。可是我们居住的地方实在太小，只有十平方米，根本无法让他在家里隔离。无奈之下，父亲只好搬到他的办公室居住。那里没有床，他便把两张桌子拼在一起，铺上一条毯子将就着睡。尽管条件艰苦，他却并未感到太过不适。

随着夏天的到来，天气逐渐转暖，父亲每周回家一次。为了避免传播病菌，他戴上多层口罩和手套，还穿好几层衣服，尽管炎热的天气让他汗流浃背，但他依然小心翼翼包裹自己。每次见到我，他都会高兴地抱我，看我咯咯笑，心中充满了喜悦与安慰。

三个月后，父亲的身体状况明显好转。他再次去医院检查，医生发现他肺部的阴影已经完全消失。这奇迹般的恢复让医生和父亲都感到无比惊讶，也让父亲满心欢喜，因为他终于可以结束漫长的隔离，回家与我们团聚了。多年来，父亲一直将这个奇迹归功于他对生活的乐观信念和细心的自我调理。即使很多年后，他仍会兴致勃勃地讲述那段神奇的康复经历。

敬业

20世纪70年代，为响应毛主席号召，知识分子要接受再教育，大保和他的同事们被分配到一个偏远的村庄，参加干部学校的学习和劳动。那里环境艰苦，劳动强度大，生活并不轻松。然而，大保很快适应了这些挑战。他学会了用扁担挑重物，而且每次挑的重量都比其他人更多，这让他感到非常自豪。晚上，很多人在结束了一天繁重的劳作后选择打牌或聊天，但大保却利用这段时间阅读和学习英语。

有一天，小组长问大保："你是不是在上班时间学英语？"

大保摇摇头，说："不，我利用的是自己的空闲时间。"在当时，共产主义理论是知识分子学习的重点，尤其是接受再教育的知识分子，研究与英国帝国主义或资本主义相关的内容会被视为严重的错误。

大保想了想，说道："我和其他人一样努力工作……其实我还可以做更多。"他稍作停顿，接着说，"明天一早我去公社广播站帮忙怎么样？"

组长立刻明白了大保的意图。他想利用早晨无人时的那段时光学英语。

组长满意地点了点头，问："你能五点半起床，比别人早一个小时吗？"

"当然！我每天都会准时出现！"大保兴奋地答道。对于他来说，这根本不是问题，而对于其他人来说，在如此艰苦的环境下早起学习无疑是一项挑战，因为大家都希望能在辛劳的日子里多睡一会儿。

为了不被视为只顾读书、不务正业的"资本主义书呆子"，大保不仅白天比别人干得更多，还每天提前一个小时起床学习。他不愿将宝贵的时间浪费在娱乐上，因为学习才是他最大的乐趣。于是，从那天起，大保每天早晨在天还没亮时就起床，到公社广播站准备器材，并抓住一切空闲时间练习英语。

几年后，大保因他在学习英语方面的远见卓识而备受赞扬。其实，他当时并不知道，仅仅几年后的1977年中国重新向世界敞开大门时，英语会成为一种备受推崇的工具。与其他大学生一样，大保在大学里学习的外语是俄语，因当时中苏关系紧密。而大保自学英语完全出于个人兴趣。大保的父亲曾讲一口流利的英语，书法也如印刷体般工整，也许正是受父亲的影响，大保从小便对文学和外语充满兴趣。除了英语，大保还学习了日语，后来在瑞典工作时学习了瑞典语。那时没有互联网，学习语言十分艰难。记得有一次，为了确认一个英语单词的发音，他骑了一小时自行车，专程去广播电台一位英语老师家请教。

父亲追求卓越，专注于科研。大学期间主修物理的他，工作后投身低温超导研究，在金属物理领域取得了巨大成就。他对多种学科都充满浓厚的兴趣，包括生物学、化学、材料科学、医学、营养学、环境科学和航空学。晚餐时光，他总会与我们分享各领域的新发现和发明，激励我和哥哥也成为科学家。来家里做客的朋友多是各学科的杰出人物，他们都钦佩父亲渊博的知识，惊叹于他跨学科的才华。正因为他的博学多才，父亲在科技外交领域也取得了卓越成就。

我从小与父亲聚少离多，因为他经常出差。每次短暂的团聚之后，便是漫长的等待与分离。在我两岁、四岁和六岁时，曾三次被送去石家庄和舅姥姥一起生活，因为父母都在干校或参加培训项目。我听母亲说，每当父亲把我送走后，他会回到家里，捧着我留下的小衣服默默流泪。"男儿有泪不轻弹"，那个大山般坚强的男子在离别的日子里忍不住洒下男儿的热泪。在那段艰难而特殊的岁月里，支撑他度过一切的，正是对与家人团聚的期盼。

偶尔，父亲会带糖果来石家庄看我。在那个物质极度匮乏的年代，糖果显得尤为珍贵。我依稀记得，自己总是躲在舅姥姥身后，偷偷打量这个有些陌生的父亲，听着他温柔的话语，心里猜测他这次是否会把我带回家。1976年唐山大地震后，我六岁，哥哥九岁，父母又一次把我们送到石家庄生活。几个月后，父亲先接走了哥哥，因为哥哥病得很重。

送别时，父亲一脸内疚地告诉我，家里有困难，这次无法带我走。虽然他说了很多话，但我最清楚记得的是他夸奖我坚强、懂事。那时的我并不知道什么是坚强，直到长大后才明白，这份坚强源自于父母的鼓励与信任。正如那首歌《你举起了我》（You Raise Me Up）所唱，当我站在父亲的肩膀上时，我便充满了力量，是他培养了我，使我成长为一个敢于超越自我的人。

1978年，我八岁时，父亲被派往瑞典工作。接下来的六年半里，他仅有一次机会回国探望家人。在那个特殊的时期，父亲虽无法常伴左右，但时间与空间并未将我们分开。他每个月都会将思念化作书信或磁带，寄给家中的每个成员。信里充满了深情厚意。

"亲爱的女儿，你好吗？你一定又长高了。我好想你，希望有一天能带你去紫竹院公园划船。你要好好吃饭，保持身体健康，这样才能长得更高更强壮。记得站直身子，挺起胸膛。记得帮妈妈做家务，我相信你是个好孩子……"

父亲非常擅长讲故事，总能把普通的事情讲得妙趣横生。他在信中讲述的故事总能激发我的好奇心，也让我深深爱上了瑞典这个遥远的国度。

"亲爱的女儿，瑞典是一个美丽的国家，这里有许多树木、鸟儿和鱼类。夏天的白天特别长，直到晚上八点天还亮着；但到了冬天，下午三四点外面就已经黑了。瑞典的雪深得像房子一样。我的梦想，就是有一天你能来到这里看看。"

小时候，我每个月都翘首期盼父亲的来信，然后迫不及待地回信，向他汇报家里和学校的趣事。父亲回信时总是会称赞我写作的进步，并鼓励我多运动，保持健康。

从1978年到1985年，父亲一直在那里工作。后来母亲也去了瑞典，她从1982年到1985年间，和父亲一样在那个我儿时魂牵梦萦的美丽国度工作。三十五年后的2013年，我终于有机会第一次踏上瑞典的土地，去探访他们曾经生活和工作的地方。我本打算带着父母一同回到这个充满回忆的国家，然而遗憾的是，由于他们的身体状况不佳，未能如愿成行。

1985年，我快十五岁时，父亲终于结束了瑞典的工作，回到我们身边。他经常抽时间带我们去公园散步，谈论生活中的点滴。每次出差回来，他总会带一些精美的小礼物给我，诸如可爱的艺术品、书籍或玩具，我对这些礼物总是珍之重之。父亲送给我的《尼尔斯骑鹅历险记》更是我最爱的书籍之一。

1987年，父母一起前往加拿大工作。与以往一样，我和哥哥无法随行，我们又一次经历了长时间的分离。那时没有网络，也没有视频聊天，唯一表达思念的方式是通过一封封书信。父亲的信总是充满了情感，他从不说教，而是以真挚的鼓励与温暖打动人心。

才艺双全

在同龄人中，父亲总是显得格外高大。那个年代，大多数人身材矮小，而他却像个巨人般鹤立鸡群，身高1米84的他因此在大学篮球队中占据了一席之地。他自豪地代表学校参加各种比赛，甚至曾在著名的首都体育馆上场。他非常重视体育锻炼，我上中学时，他还陪我一起练铅球，鼓励我游泳、打乒乓球和羽毛球。当我十五岁时，父亲送给我一双旱冰鞋作为礼物，并和我一起练习滑旱冰。在那个年代，旱冰鞋是一件奢侈的礼物。多年后，每当我滑旱冰时，那双精美的旱冰鞋和与父亲一起度过的美好时光总会浮现在我的脑海，涌动着温暖的回忆。

父亲是一个多才多艺的人，我很喜欢他为我制作的工艺品和画的小动物。他的书法也精美娟秀，每个字都如同艺术品般优雅。他还拥有一副金嗓子，与妈妈那甜美的歌声简直是天作之合。他们曾在婚礼上合唱《敖包相会》，后来时不时也会再次唱起。我总是感叹，他们的歌声堪比专业歌手！父亲自学了很多乐器，钢琴、小提琴、二胡和长笛样样精通。他那永不满足的好奇心和对未知领域的探索热情，深深感染了我，时常让我自叹不如。他的才智与激情，始终激励着我去追求卓越。

父亲常感到内疚，因为家境贫困，无法为我买一架钢琴让我学习弹奏。在那个年代，几乎没有家庭能负担得起这样奢侈的乐器。哥哥出生时，父母不得不卖掉他们心爱的提琴，换来一张婴儿床。虽然家中没有乐器，但我们的生活中始终充满了歌声与读书声。这份简单而深厚的家庭氛围让我倍感温暖与感激。拥有这样的父母，我还能奢求什么呢？

在我成长的岁月里，家中的经济状况捉襟见肘。尽管到了20世纪90年代，生活有所改善，我们依然保持着简朴的生活方式。父亲常常教导我：充满爱的简单生活胜过物质丰富却缺乏爱的花哨生活。即使在今天，虽然身处资源丰富的美国，我们依旧选择过着简单的生活，专注于人与人之间的情感联系，而非追求物质的享乐。

从小到大，父亲总是把我当作掌上明珠，包容宠爱我。然而，我脾气暴躁，经常对生活不满。传统的中国父亲可能会斥责这样的行为，但我的父亲却始终温柔，从未对我发过火。他总是包容我的任性，即使我说话不敬，他也从不责备我，而是选择原谅我，正如圣经所说："不要惹儿女的气，恐怕他们失去志气。"即使我执意要犯错，父亲也给我选择的空间和自由意志。亲朋好友常劝父母对我和哥哥要严格一些，不要太溺爱我们，父亲却总是淡定地说："我的孩子很好，长大了一定会很优秀。"

父亲开朗善良，时常给我们讲故事，鼓励我们要成为优秀且勤奋的人。如今回想起来，我深感惭愧，自己在抚养孩子的过程中，未能像父亲那样有智慧和从容。我的孩子们可以作证，我在这方面有多少地方需要向父亲学习。

前些年，女儿经历青春期叛逆时，我经常忧愁和气愤，父亲总是耐心倾听我对孩子的抱怨。每当我因孩子的错误而难过流泪，父亲总是温柔地安慰我："她是个好孩子，一切都会好起来的。"父亲的宽容、耐心和坚定信念塑造了今天的我，给了我成长的勇气，让我变得自信，并取得了成功。我怎能忘记这些教诲？他总是提醒我："爱是恒久忍耐，又有恩慈。"

当女儿不愿去教堂时，我气得不愿与她说话，而父亲却给她打电话，没有指责或施压，只是温柔地邀请她："我想你，我为你祈祷，愿上帝保佑你。"

即便女儿拒绝了他的邀请，父亲依然没有放弃，很快又再次联系她。有时，我与孩子之间的争执变得激烈，事后我会为失控的情绪而自责，后悔自己说出的那些伤人的话。而父亲总是安慰我："你已经做得很好了，你是世界上最好的妈妈。"

父亲这些温暖的话语让我无比羞愧。他从未指责我，只有无尽的赞美和理解。

第二章

我的母亲

童年

我的母亲出生于1938年，正值日本全面侵华战争的第二年。她的乳名是小琴，取自中国古代文人雅士所崇尚的"琴棋书画"中的"琴"。

小琴还在襁褓中时，父亲便离家参军抗日。四年后，在战火纷飞的1942年，家里才收到他的消息，然而，这却是一个噩耗——他已经在二战的狂风暴雨中英勇牺牲了。更不幸的是，这位英雄的妻子，也就是小琴的母亲，也因贫困和疾病不久于人世。年仅四岁的小琴失去双亲，成为孤儿，开始了在逆境中痛苦挣扎的生活。

"我好几次梦见爸爸，真希望他能突然推开门，回到家里。"四岁的小琴若有所思地对祖母说。

她并不记得父亲，对母亲的印象也非常模糊。

"你爸爸啊，是个特别聪明的人……也挺'滑头'的。他走的时候，谁都没告诉。"祖母叹了口气。

"他为什么不告诉你们？"小琴天真地问道。

"唉，他是家里唯一的儿子。我们如果知道，无论如何也不会让他走的。"祖母回答。

"那我妈妈知道吗？"小琴继续问。

"你妈妈也不知道，那时你还只是个婴儿，她怎么会让你爸爸离开呢？"祖母接着说道。

"那他为什么离开家就不回来了？"小琴依旧充满疑惑。

"那时，日本人杀了很多中国人。你爸爸听到这个消息，在床上哭了三天三夜。他是个受过教育的读书人，血气方刚，偷偷跑去参军抗日。那时他才十七岁啊。"奶奶望向远方，努力控制着自己的情绪。

"我们一直以为他会回来的，谁知道，这一走就再也没消息了。直到几年后的农历除夕那天，才听到他牺牲的噩耗。那一夜，我们抱头痛哭，整夜都没合眼，他才二十一岁啊。"祖母哽咽着说。

小琴意识到，今天不能再继续此话题了，尽管她很喜欢听这些故事。

她的母亲去世后，按照守孝的传统，她连续几周都穿着白色的孝服。在中国，守孝期可以长达三年，这段时间里，人们必须保持肃穆，禁止笑声和玩乐。每当大人们哀伤哭泣时，小琴也必须跟着一同悲泣。她被告知，父母的灵魂在她身边徘徊，因此她必须规规矩矩，否则会被阴间的鬼魂或恶魔带走。

幸运的是，小琴有祖父母照顾她。她每天跟在祖母身边，帮忙喂鸡、打扫院子，有时还会下地干活。祖母常常提起她父亲的往事。尽管生活艰难，祖父母的疼爱和照顾还是让小琴感到了温暖。她特别喜欢院子里的那棵枣树，祖母总会摘下甜枣给她吃。

小琴经常与祖母聊天问到母亲，她多么渴望母亲还活着。

"妈妈怎么了？"小琴无法理解母亲的突然离世。

"她被歹徒绑架了，"祖母回答到，"因为你父亲在前线抗日，家里没人能保护她，那些坏人就趁机欺负她。"

"他们想要钱，可我们根本拿不出钱来，于是他们就毒打她，差点要了她的命。她被带回家时，已经奄奄一息。没有药治，她卧床不起，没多久就离开了我们。"祖母叹了口气，向年幼的孩子解释绑票赎金并不是一件容易的事。然而，小琴似乎听懂了这个悲惨的故事。她知道，这个世界充满了危险，但好在有祖父母在身边保护她，这让她感到安全。

然而，温馨的时光并未持续太久。

连年战火肆虐，整个中国四分五裂，满目疮痍，一片废墟。人们在艰难中挣扎求生，她的祖父也未能幸免，几年后病倒，接着与祖母相继去世。亲人一个个离去，只留下年幼的小琴独自哀伤，默默哭泣。

在那些动荡的岁月里，家家户户都生活在艰难中，小琴的童年更是颠沛流离，她辗转于不同亲戚家中度过。其中，舅舅和姑妈家是她待得最久的地方。那些年，生活艰难，亲戚家也是捉襟见肘。将小琴接回家，意味着生活负担的加重。食物本来就稀缺，养活她意味着家里其他孩子的份额会减少。小琴十分懂事，她深知自己是个负担，因此总是努力表现得安静乖巧。她早早学会察言观色，仔细揣摩大人们的情绪和言行，以求自己被接受。她知道，自己必须依赖他人生活，所以小心翼翼。尽管生活艰辛，她依然心怀感激，感恩这些亲戚给了她一个容身之地。

到了晚上，小琴总会想起自己的父母和祖父母。她特别害怕看到表亲们与他们的父母亲密相拥，而她只能站在一旁，心中充满无尽的孤独。每当其他孩子叫"妈妈"时，她也跟着喊，却因此被嘲笑。她极度羡慕那些拥有完整家庭的孩子，渴望能感受到父爱母爱的温暖。虽然没有人虐待她，但她一直渴望拥有一个充满爱的家。

在这段时间里，小琴曾病倒了一年，几乎丧命。她断断续续发烧数月，身体虚弱得无法下床。有人认为她染上了疟疾，当时由于缺乏医疗条件，疟疾往往是致命的。大人们甚至告诉她，父母的灵魂正想念她，准备带她一起走。周围的人对她的康复不抱希望。然而，经过几个月的痛苦挣扎，她最终奇迹般地痊愈了。由于她没有接受药物治疗就奇迹般地恢复，许多人对此感到惊叹。从那时起，小琴学会了勇敢与独立。她常常形容自己像一株顽强的小草，尽管被践踏，却总能重新站起。

1950年，小琴十二岁，生活终于出现了转机。她收到了小姑妈的邀请，这位姑妈是她父亲最小的妹妹。早在20世纪40年代，姑妈就追随哥哥的脚步，加入了中国游击队，积极抗击日本侵略者。新中国成立后，姑妈和丈夫因在抗日战争中的贡献受到表彰，并于1950年从河北搬迁至北京，参与国家教育系统的建设。政府为姑妈一家提供了补贴，支持他们继续学习和工作。

幸运的是，姑妈没有忘记小琴。她把小琴接到北京生活，这一决定彻底改变了她的命运。

来到北京这个大城市，小琴的眼界大为开阔。这里的宽阔道路、缆车和高楼都令她感到新鲜和兴奋。政府还因她父亲为国捐躯给她每月发放抚恤金，虽然金额不大，但足以维持她的基本生活。而姑妈的关爱则让她第一次感受到久违的家的温暖与安全。

然而，新的挑战也随之而来。由于战争的影响，小琴只能断断续续地上学。她之前在石家庄市郊的村庄里度过，和许多孤儿一样，勉强维生，根本没有机会接受正规教育。尽管战争带来了无尽的痛苦，但这丝毫没有削弱她对知识的渴望。进入北京的学校后，她发现自己与其他同学之间存在着巨大的差距。那些孩子在大城市长大，接受了良好的教育，语文、数学等基础知识掌握得更加扎实。

小琴带着浓重的乡下口音，读书认字的能力很差。尽管她已经十二岁，但她的阅读、写作和数学水平仍停留在八岁孩子的阶段，这常常让她感到羞愧。更让她困扰的是，不仅个子最矮小，身体也相对虚弱。

然而，她勤奋求学的信念始终熊熊燃烧。除了日夜刻苦学习，她别无选择，拼命努力，力求赶上其他同学。她像一块海绵，吸收着书本中的每一个字。经过一年的努力，她不仅追上了大部分同学，甚至超越了他们。中考时，她的努力终于得到回报，成绩优异，收到多所北京名校的录取通知书。

在高中阶段，小琴继续保持着这种拼搏精神，学业成绩十分出色。她有两个爱好，一个是物理，另一个是音乐。物理老师对她赞誉有加，鼓励道："你有极高的物理天赋，前途无量。中国需要像你这样的科技人才，科学技术必将为国家的腾飞贡献力量。你要继续努力啊！"

同时，她的音乐老师则满怀期望地劝她选择音乐道路，她含泪对小琴说："你有一副金嗓子，唱歌极具天赋。如果你不选择音乐作为职业，真是太可惜了。我知道你喜欢物理，但也请你再考虑一下音乐吧……"

小琴所在的合唱团是全国顶尖的合唱团之一，曾多次受邀在北京广播电台演出。那时候，能在电台演出被视为至高无上的荣誉，这使小琴站在了人生的十字路口。

最终，她选择了学习物理。小琴全心全意地热爱物理，并深知新中国在科学技术领域急需突破。姑妈也鼓励她选择物理，因为相比音乐，这条路能更直接地为祖国做出贡献。

1958年，小琴成功考入中国顶尖学府之一的北京钢铁学院（后改名为北京科技大学），成为了一名出色的大学生，主修冶金物理。在那个工业化和钢铁生产迅速发展的年代，这所大学是最受欢迎的高等学府之一，只有最优秀的学子才能有幸进入。

成年

1958年，小琴迈入大学校园，正值毛泽东发起"大跃进"运动（1958–1962）（Brown 2012）。这场运动的宏大目标是建立一个理想的共产主义社会，以期超越曾引领工业革命的英国。然而，事实证明，这场从1958年持续到1962年的激进实践，最终因脱离现实而以失败告终。政府领导层为掩盖农业产量低迷的事实，不惜虚报夸大的收成数据，导致了灾难性的后果，全国范围内出现了严重的粮食短缺。虽然饥荒主要集中在农村，但城市居民同样未能幸免，食品配给量大幅减少，生活质量急剧下降。

小琴所在的大学也受到了波及。校方建议学生们在下课后立即返回宿舍休息，以减少体力活动，因为消耗越少，所需的食物就越少。小琴了解到，一些同学，尤其是男生，常常忍受饥饿的煎熬，善良的她决定减少自己的伙食，将省下的粮票捐给这些同学。她身体瘦小，在这种困难时期成为优势，因为这意味着她所需食物甚少，她将"额外"的粮票送给那些更需要的人，甘愿献出宝贵的食品配给券，自己忍饥挨饿。

大学生活对小琴而言并不轻松。她身边的同学都非常优秀，个个才华横溢，所有科目的要求也极为严格，尤其是数学和物理。在物理系，数学课程的难度几乎与国内另一所顶尖大学——北京大学的数学系相当。小琴将所有的精力都投入到学习中，比以往更加刻苦，她的成绩始终名列前茅，年复一年表现卓越，成为佼佼者。

1964年，她以优异的成绩从大学毕业，分配到一家研究所工作，这正是大保做物理研究的地方。碰巧的是，第一天接待新进毕业生的正是大保。正如前文所述，两人因对物理和音乐的共同兴趣而迅速产生好感，并很快坠入爱河。

1966年1月，小琴与大保步入婚姻殿堂。然而，他们结婚时也恰逢文化大革命的开始，这场政治浩劫从1966年持续到1976年。尽管大跃进后的粮食短缺状况有所缓解，但政治局势依然动荡，物质匮乏成为常态。小琴和大保结婚时几乎一无所有，没有房子，甚至没有一件像样的家具，他们无力购买任何东西。婚礼当天，他们唯一的财产是随身携带的小包，里面装着几件衣物、被子、书籍。小琴比较"富有"，因为她有一块手表和一把小提琴。他们唯一能为家人朋友准备的婚礼"奢侈品"，是一袋糖果。研究所为他们分配了一间仅约十平方米的小公寓，这个空间甚至不及如今一间卧室的一半大。但对小琴来说，这已经是莫大的幸福，她终于有了属于自己的家，她真正意义上的第一个家。他们从研究所借来了一张双人床和一张书桌，便开启了他们的新生活。

那张床是最简陋的木制结构，配有金属框架，连床垫都没有。多年以后，虽然他们买了更舒适的新床，但这张旧床依然被他们视为珍宝，一直保留在家中，足足有五六十年之久。

我常常开玩笑："妈，为什么您还留着那张旧床？"

母亲总是笑着回答："它承载着太多的回忆啊！你看，这里还有你小时候在床沿留下的牙印呢！"

这张床的确是一件珍贵的纪念品，四代人都曾使用过它：我的舅姥姥、我的父母、我和哥哥，以及我的孩子们。

婚后，小琴与大保一起过着简单而幸福的生活。他们怀抱着对未来的美好憧憬，期待抚养他们的一对儿女，同时还要承担起赡养大保这边亲戚的责任。他们一边攒钱买家具，一边享受音乐和彼此的陪伴。对他们而言，这样简单且充满爱的生活正是他们所向往的。

如果不是因为大保这边亲戚的需要，小琴和大保的收入本可以让他们过上小康生活。然而，他们省吃俭用，每个月将一半的工资送给大保的母亲、祖母和弟弟。到了月末，家中的开销往往已入不敷出。小琴和大保各自只有一套夏衣和一套冬装，连鞋子也是如此。由于无力购置新衣，小琴的里面衣服上补丁层叠，大保的衣服也是一样。每到晚上，小琴总是花时间缝缝补补。有一次，大保的弟弟来访，看到晾衣绳上的小琴的衣物满是补丁，惊讶地感叹："我从没注意到她的衣服上有这么多补丁！" 他感到惊讶，同时也暗示了他那相对较少打补丁的衣服，与小琴的衣服对比鲜明。后来，在生活改善的1980年代，小琴终于能够买新衣服了，但她仍然舍不得为自己买。

尽管生活拮据，但小琴和大保从不为自己的补丁衣服感到寒酸。对他们来说，这种充满爱的简朴生活，正是他们心中理想的状态。

勇气

我常从父母那里听到的另一个大事件，就是1966年史无前例的文化大革命。任何熟悉这段历史的人都知道，这场运动对于无辜的民众来说是多么疯狂和残酷。文化大革命的影响是毁灭性的，经济瘫痪，无数人的生活流离破碎。中国陷入十年浩劫，充满暴乱、血腥、饥饿和萧条。街头暴力愈演愈烈，成群的学生和红卫兵把目标对准了那些穿着"*资产阶级*"服装的人[1]，要撕毁这些*帝*

---

[1] 所谓的资产阶级着装无外乎稍微时尚或者打破传统的着装。

*国*主义的象征。党内官员、教师和知识分子在这场动乱中成为首要攻击目标，遭受公开的羞辱、殴打，尤其是批斗会后的谋杀和自杀等惨剧不断上演。当毛泽东下令安全部队不得干涉红卫兵的行动时，北京的街头染满了鲜血。据报道，仅1966年8月至9月间，就有近1800人死于红卫兵之手（Philips 2016）。

小琴的姑妈，当时在学校担任教师，也未能幸免，成了红卫兵袭击、抓捕并施以酷刑的受害者之一。他们将她关进地牢，扣上"黑五类"的帽子，不允许任何访客探望。小琴得知消息后，毫不犹豫地赶到学校，要求去看望姑妈。

这无疑是一个极其大胆的举动，因为她不仅可能因此受到迫害和监禁，而且她当时已经怀上第一个孩子，有五个月的身孕，很是危险。

当小琴在校门口被拦住时，看门的红卫兵对她大声呵斥，质问道："你是谁？什么阶级成分？"在那个时期，阶级成分是审查的首要问题，直接决定了一个人的命运。

尽管小琴身材娇小，只有不到1米55公分，她昂首挺胸，毫不畏惧地直视红卫兵的眼睛，坚定地回答道："我是为国捐躯的抗日英雄的女儿。"

也许是她的无畏震慑了他们，也许是她的阶级成分属于"红五类"，即贫下中农、工人、革命军人、革命干部和革命烈士的后代（Yi 2020）。从她坚毅的目光中，红卫兵们似乎明白了她的决心，知道她已奋不顾身、做好面对任何后果的准备。

他们的态度软化了："你要见谁？她和你是什么关系？"

小琴毫不迟疑地回答："我要见我的姑姑，我现在必须见她。"

出乎意料，他们没有再刁难，竟然打开了大门，让她进去。

在那个动荡的年代，许多亲友早已与像小琴姑妈这样被扣上"罪人"帽子的人划清界限，甚至连医院的医生为明哲保身也拒绝收治这样的病人。但小琴和大保从未放弃姑妈。他们不仅设法为姑姑求医问药，还亲自照料她，直到她最终康复。

在我的眼里母亲无疑是一位勇敢的英雄，她可能是唯一敢于挺身而出，去看望姑妈并为她辩护的人。然而，母亲却总是谦逊地说，她最值得骄傲的身份是抗日英雄的女儿，因为"即使是那些黑帮分子，也会尊敬英雄"。

我多次问她："当您被红卫兵拦住的时候，害怕吗？"

她点了点头："当然，心里很害怕。我知道他们可能会伤害我，但我尽力隐藏紧张。"

她接着说："我担心的是身怀六甲。如果他们真的对我动手，我该怎么办？但那时已经没有时间去考虑什么，我只能做好最坏的打算。"

我为她感到无比骄傲，感慨道："妈，您真的很勇敢！"

她深情地看着我说："我只是做了该做的事，姑姑处在危险之中，我怎么可能袖手旁观呢？"

她停顿了一下，又补充道："我的父亲才是个勇敢的人。"

母亲的血液中流淌着那份属于英雄的勇气。

初为人母

第一个孩子的预产期渐近，一天，小琴看向大保，语气中透着一丝不安："我才意识到，咱们还没有婴儿床，而我们手头也只剩下几块钱了，这可怎么办呢？"

她打开抽屉，拿出一个信封，里面只有几张零碎的钞票。她递给大保看，轻声问道："你觉得我们能不能向你妈妈借点钱？"

大保无奈地摇了摇头："不行，妈妈和奶奶手头也没有多余的钱。咱们交给她们的生活费，也只是勉强够维持日常。"

小琴环顾了一下他们的小房间，这间仅有十平方米的空间，不用刻意去翻找，所有角落一目了然。屋内只有一张床、一张桌子、两把椅子和一些储物箱。

她的目光落在了小提琴上，眼神突然亮了起来："咱们把小提琴卖了吧，怎么样？"

大保皱眉道："不行，那把琴太珍贵了。而且，它已经陪伴你这么多年了。"

小琴微笑着，轻声提醒道："上次拉琴的人可是你呀。" 事实的确如此，大保的小提琴技巧更胜一筹。

小琴继续说道："我本来也打算再学着拉一拉，可现在哪里有时间呢？既然不常用它，何必让它闲着呢？"

他们最后一起决定，第二天把小提琴卖掉，用所得的二十块钱给孩子买一张婴儿床。小琴本来打算日后有钱了再把小提琴赎回来，然而，年复一年，手头总是紧张，这个愿望最终未能实现。

第一个孩子出生后的两年里，小琴和大保一直住在大保的妈妈家，就是孩子的奶奶家。白天，奶奶负责照顾婴儿，等小琴下班后，她接过孩子，让奶奶好好休息。而大保由于工作原因，常年奔波在外，忙于各地的研究项目，几乎无暇照顾家庭。

有一天，小琴像往常一样下班回到家，跟奶奶打了招呼后，问起孩子的情况。奶奶神色有些忧虑："今天不知道为什么，孩子一整天都在闹腾。早上还不小心从床上摔了下来。"

小琴仔细检查了一下孩子，发现他的小手臂弯曲得很不正常。她轻轻触碰孩子的手臂，他立刻疼得缩回手臂，哭了起来。小琴怀疑儿子骨折了，连忙抱着孩子赶往医院。X光结果证实了她的猜测，婴儿的手腕骨折了。经过治疗，孩子的疼痛逐渐减轻。但小琴已疲惫不堪，回到家后，甚至没有力气吃饭，只想倒头大睡。然而，孩子因为手臂不适，整夜哭闹不止，小琴不得不将他抱在怀中安慰，自己却无法入睡。连续好几个晚上，她都没能安稳地休息。

不久之后，小琴再次怀孕了。这一消息让小琴和大保都十分激动，他们满怀期待地迎接第二个孩子的降临。

那是1968年，文化大革命的第三年。我的父母和他们的同事们每天都要参加有关毛泽东思想和共产主义的强制性政治学习。任何缺席或未参加的人，都会面临被指控为"反革命"的风险。

有一天早上，小琴感觉肚子里的宝宝活动得不像往常那么频繁了。她心想，最好在中午之前去医院检查一下，但她却不得不先参加那天的政治学习。漫长的会议似乎没有尽头，等到她能离开前往医院时，胎儿几乎已完全停止了活动。医生告诉她一个令人心碎的消息：这个男婴因脐带绕颈而不幸去世了。怀孕七个月后失去自己的爱子，小琴的内心悲痛万分。

"他长得什么样？"小琴无法直视那个已经离世的孩子，直到后来她才鼓起勇气问大保。

"他看起来和我们的第一个儿子一模一样……"大保停顿了一下，低声回答道。两人沉浸在失去孩子的巨大痛苦中，久久无法释怀。

母亲怀我的时候超级细心，为了确保不再出现任何问题，一旦她感觉不到子宫里的动静，她总是会反应过度。越是临近预产期，母亲就越着急。我出生前两天，她便赶到医院，可是医生说时间太早，不得不回家。终于，这一天到来了，我出生时没有任何意外。父母看到我这个健康的女孩异常兴奋。我的出生给父母带来的喜悦填补了他们失去第二个孩子的内心空缺。这也是他们给我起名第一缕阳光的原因，象征着希望、光明和欢喜。

母亲总是把我们放在第一位，从来不为自己着想。她总是让我和哥哥先吃，把最好吃的留给我们。记得小时候，妈妈每天早上都会给我们准备炒鸡蛋，一个给哥哥，一个给我。可我从未见过她吃鸡蛋。

有一次，我问她："妈，您为什么不和我们一起吃呢？"

她微笑着坦言："我想把好的留给你们。你和你哥正是要长身体的时候，需要补充营养，我呢，不需要太多。"

我继续说道："您也需要，您还要长高。"

妈妈笑着说："我不会再长高了。干嘛要浪费食物呢？"

多年后我才意识到我们每个月都用完了全部食品配额，我和哥哥甚至把妈妈那份也吃完了。也是从那时起，我才意识到鸡蛋原来是奢侈品。

母亲多年来一直都全职上班。党的领导人毛泽东有句名言："妇女能顶半边天"。文化大革命时期，从1966年直到1976年毛泽东逝世，女性似乎有一种解放和自由的感觉（Du 2022）。也是在这种影响下，母亲和很多中国女性一样，从未考虑过在家做全职妈妈，但实际上，她作为女主人承担了大部分家务。每天下班，她都赶回家照顾我和哥哥。

母亲是一位杰出的物理学家，但她总是认为自己不是一个称职的妈妈。每当我或哥哥生病时，她都会惊恐万分。但凡我们有个头疼脑热，她总认为都是她的错。

她不止一次告诉我："我妈妈很早就离开了我，所以我没能学会如何照顾好你们，真是对不起…"

她不像她大多数女性朋友那样懂得如何缝纫、编织或钩针，也不知道如何做饭、装饰和打扫房屋。

20世纪80年代中后期，我们的生活条件有了显著改善。看到很多家庭的餐桌上增添了更多的美味佳肴，母亲也很羡慕，她尝试向朋友请教如何烹饪。虽说不那么熟练，但她努力学习做各种食物。有一次，她包饺子就花了三个小时。

五年级的时候，学校组织我们彩排舞台表演，要求所有女生都穿红色裙子。我所有的女同学，裙子都是她们的母亲缝制的。我知道妈妈不可能为我缝制裙子或任何衣服，从小到大我从没有见过她做过衣服，她最多只能做些缝缝补补的活。

母亲想了想，说："我给你买条裙子，保你能赶上演出。"

演出前一天晚上，妈妈指着床上的一捆红布和松紧带告诉我："我在商店里实在是找不到，所以就买了这些。我现在就给你做一条裙子。"

可能是母亲找不到红裙子，也可能她没有足够的钱买。

"您行吗？明天我可就要穿啊。" 那个年纪的我还不能理解妈妈的担忧，我唯一关心的只是我的红裙子。

"没问题，我是科研人员。我保证今晚能够学会，帮你把它做好。"妈妈抬起头，微笑地看着我。

十一岁的我身高就已经超过了母亲。虽然她看上去那么娇小，但我从小就知道，身材弱小的母亲却蕴藏着无限的能量、智慧和乐观。

那天晚上，母亲一直在忙碌着。她在纸上反复测量、涂画，修改我的尺寸，丝毫不显疲倦。到了晚上九点，我困得不行，便早早去睡了。然而母亲还在坚持完成她的任务，就是为我缝制那条红裙子。

第二天清晨，当我醒来时，眼前的一幕让我既惊喜又感动，一条崭新漂亮的红裙子已经静静地躺在床边，仿佛在等待着我。母亲从不畏惧学习新事物，尽管她突然决定学会缝制红裙子让我有些意外，但回想她的聪慧和机敏，一切又都显得那么理所当然。

随着时间的流逝，我愈加深刻地明白，那条红裙子不仅仅是一件衣物，它承载着母亲对我无尽的爱和关怀。为了让我在舞台上不落人后，她甘愿牺牲自己的睡眠，直到深夜仍在埋头缝制。这条裙子，成了她对我们无私奉献和持久的爱的象征。

科研

1976年，毛泽东逝世，文化大革命宣告结束，中国在新一代领导人邓小平的带领下步入了改革开放的新时期。政府认识到科学技术发展对国家进步的重要性，并启动了一系列改革开放政策"在坚持社会主义的同时，积极引进外资和技术促进经济增长"（Kobayashi, Baobo, and Sano 1999）。

小琴在冶金方面，特别是双相钢研究领域取得了很高的学术成就。和大保一样，她在大学里学习的外语是俄语而非英语。为了能阅读国际期刊上的论文，她在四十多岁时不得不开始学习英语。那时正是十年文化大革命结束，邓小平改革开放初期，瑞典是20世纪70年代最早与中国签署工业、科技合作双边协议的国家之一（Fredén 2015）。

1982年，瑞典皇家理工学院选中了杰出的科研人员小琴，参与一个中瑞合作项目，那年她刚好四十四岁。能够在世界一流的研究所工作是何等荣幸，她进一步探索科学之梦即将成真！此时的大保已经在瑞典度过了四年时光。这段时间小琴一直很想念他，而此次瑞典之行也为她提供了一个绝佳的团聚机会，而他也在热切地盼望着小琴的到来。

母亲既紧张又兴奋，一方面她担心自己是否能在这个新项目中表现出色，毕竟她从未去过外国，也没有正式学过英语。另一方面，她也担心我和哥哥。由于20世纪80年代初期中国还比较贫穷，孩子们无法和父母一道出国。那时我12岁，哥哥15岁，还需要父母的照顾和陪伴，她为此犹豫不决。她会为我们放弃这个机会吗？幸亏她的姑妈站出来支持她，鼓励她一定要抓住这个机会，并且愿意搬到我们家来，在母亲不在的这段时间照顾我们兄妹俩，以消除母亲的后顾之忧。

在母亲启程去瑞典的前一天，我和母亲买完东西后步行回家。盛夏的阳光炙烤着天空，蝉鸣声此起彼伏，空气沉闷得让人喘不过气。

"我走后你能吃好、睡好吗？"她问我。

在中国文化中，我们很少把"爱"挂在嘴边。当人们提醒你吃饭时，这便是表达关心和爱的一种最直接的方式了。

"我会的，不用担心我。我已经是大孩子了。"我回答道，假装我并不在意她即将离开。

"那您什么时候回来？"我问，虽然我知道她也未必答得上来。

"也许一两年后。"她试着找到更合适的词语回答道。

"好吧，就两年。带上这个，这样您就会记住了。"我随手在路边摘了一根狗尾巴草递给了她。

母亲点点头，"好吧，我保证，不过，你要答应给我写信……你要照顾好自己。帮助你的姑姥姥做家务，好不好？"

1982年8月，母亲和我们挥手告别，泪水在她的眼中打转。我们明白，她前面的路上还有更大的挑战等待着她。

为了节省费用，母亲和其他访问学者不得不乘坐火车去瑞典，这一趟旅程花了整整七天。为了节约开支，母亲还提前为旅途准备了足够的干粮。

瑞典的科研工作充满了挑战，尤其是语言和文化的障碍让她感到格外艰难，但她从未放弃。她夜以继日地阅读论文，学习新工具，构建数学模型。

"前三个月非常难熬。我甚至不清楚研究项目的涵盖范围，"多年后，母亲回忆道。

"我的英语还不够好，很难和教授进行有效的交流，尽管他非常友善和耐心，但我还是觉得自己问得太多，有点尴尬，尤其是我那蹩脚的英语。"母亲苦笑着说。

"那您后来是怎么适应的？"我好奇地问。

"我必须勇敢起来，不再害羞，直接向他提问。随着时间推移，我终于能够自如地和教授讨论了。有一天，他惊讶地发现，我居然能为这个项目提出新的见解。"妈妈微笑着说，语气里带着些许自豪。

"他一开始觉得您不是一个好科研人员吗？"我更感兴趣地追问。

"我估计他一开始可能对我有些失望。不过，重要的是我要对自己有信心，"她继续说道。

"只要投入更多的时间，我相信自己一定可以有所突破并逐渐适应。事实上，我的确为这个项目付出了很多努力。别人下午 5 点左右就回家了，我呢，还要在实验室里至少再待两个小时，甚至周末也在继续研究。"显然，她对自己的辛勤工作感到自豪。

瑞典的冬天寒冷而漫长，母亲天未亮就已经踏上了去研究所的路，而回家时，月亮早已挂在了树梢。从她的住处到研究所，每天需要乘坐一个小时的火车。她通常在旅途中阅读论文，做笔记，但同时还得时刻留意站台信息。因为所有的标志和广播都是瑞典语，母亲多次因没听清而错过车站，不得不重新坐另一趟火车返回。为此，她摸索出了一套计数车站的方法，以确保能准确下车。

母亲在给我的信中提到，她结识了一位朋友，她的名字叫玛格丽特。

"玛格丽特年轻、高挑、美丽，曾效力于瑞典女排国家队。从排球队退役后开始跟着我们同一位教授学习。"她写到。

在下一封信中，妈妈又向我详细介绍了玛格丽特。"她有一个两岁的小女儿。她又怀孕了，马上要生第二个宝宝……我帮助她不少，她也为我的研究项目贡献良多。朋友之间的互相扶持，真是无可替代的。"

母亲和玛格丽特合作参与了一个项目，她们的努力使项目非常成功。玛格丽特为母亲介绍瑞典先进的设备和工具，这些在中国尚未普及。而母亲则凭借自己扎实的物理和数学基础，帮助玛格丽特建立了精确的数学模型，推动了项目的顺利进展。

我完全听不懂母亲讲的断裂力学、双相钢等冶金领域的种种术语，只记得她必须一次又一次地进行大量的测试、调试和测量。

"比如说，要测试铜合金在不同条件下的性能，我首先要设计实验来测试温度、压力等等这些指标，然后进行预测，最后通过实验结果测量性能的变化。"偶尔她也会和我分享她的研究。

"最难的部分是把合金打磨得非常薄，而且还要保持均匀。你想啊，把它打磨得那么薄，可能要花上好几个小时。有时候，如果打得太薄了，合金会断裂，我就得重新来过。"她耐心地向我解释道。

"有没有机器可以帮您呢？"我问。

"可能吧，也许将来会有……总之，我得特别小心地打磨它，越到后面越难……合金很薄，几乎是透明的，光都可以透过去……"多年后，母亲仍热情不减地回答和分享。

很难想象她对金属和科研的热情有多高，从她在实验室度过的无数个日日夜夜和那双因实验而变得粗糙的双手中可见一斑。她开玩笑说自己的手指又短又粗，明显是"劳动人民的双手"，这在当时的中国被视为一种美德。文化大革命期间，把那些养尊处优的知识分子送到干校或是偏远艰苦的农村去接受锻炼和再教育，就是为了改造他们成为劳动者。

母亲在瑞典期间的另一个挑战是适应当地的饮食。一方面，蔬菜价格异常昂贵，她必须精打细算，看看有没有合适的折扣。另外，母亲不能消化乳制品，可当地很多食品都含有乳制品成分，这让她肚子总不舒服，必须格外小心采买和食用。

凭借她科研上的不懈努力，母亲受到了大家认可，也荣获多项殊荣。这其中，最为显著的成就之一是她简化了经验方程，一个原本是由她的教授多年前开发的复杂公式。那时候没有电脑，没有计算器，母亲花费了无数个日夜，通过自己的研究和实验进行手工计算。当她回忆起自己用过的堆积如山的稿纸时，她常常会咯咯地笑起来。这些草稿纸可以轻松地装满几大箱，一直摞到天花板那么高。她的教授一开始不敢相信她的方程，而母亲用测试数据和计算过程向他证明了这一点。最终，她的教授在全部门员工面前发表了一份庆祝声明，称赞母亲是一位才华横溢、勤奋而有韧性的研究员。

于是，教授邀请她留下来，将研究期限再延长一年。如果她能继续在实验室工作一年，就有机会获得博士学位。此时，她对我承诺的两年时间已经过去了。1985年，经过近三年的学术探索，她最终决定回国。相比于对孩子们的思念，这些科研成就显得微不足道。母亲给我们写了许多信，每一封都充满了爱与关怀。在她心中，能够与我们分享那些珍贵的家庭时光，远比获得博士学位更加重要。

母亲一直是我的榜样，她的每一句话、每一个行动都深深打动了我。正是她让我明白了母爱的无穷力量。正如她常常对我说的那样："母爱无边。"

家庭团聚

经历了漫长的七年离别，1985年，我们一家人终于得以团聚。岁月在母亲身上留下了深刻的痕迹，白发悄悄爬上她的发梢，身形也比过去更加瘦小。在去瑞典之前，她曾试图把这些白发藏起来，但现在她不太在意了。此时最为重要的是家人再次团聚，而这份喜悦早已远远超越了她的外在变化。

团聚之后，我们搬进了一套更宽敞的三居室，虽然额外的空间意味着更多的家务，但母亲忙碌的身影中流露出的是满足与充实。她喜欢哼唱的小曲再次在家中回荡，勾起了那些快乐日子的回忆。我升入了新的高中，哥哥则进入了大学，父母也重回他们热爱的工作岗位，投入到新的科研项目中。经历了多年的动荡与分离后，家里终于迎来了前所未有的宁静与和谐，空气中弥漫着团聚带来的幸福，就像一场和谐动人的交响曲。

然而，和大多数故事一样，这段幸福的时光是如此短暂，宛若稍纵即逝的美梦。我多希望我们的生活能够拥有一个童话般的结局："从此我们永远幸福地生活在一起。"

一天，我偶然听到父母之间一场沉重的对话。

"我得尽快接受手术，把所有东西都切除。"母亲的声音中透着深深的忧虑。

父亲的语气充满关切："你指的'所有东西'是什么？"

"子宫、卵巢……都要切除。医生怀疑可能是恶性肿瘤。"母亲的声音低沉，显得有些无助。

空气瞬间凝固，沉默压在我们之间。

"什么时候手术？"父亲轻声问道。

"下周。你还是按原计划去出差吧，我会没事的。"母亲温柔地回应，似乎在努力平复父亲的担忧。

接着又是一阵安静。

幸运的是，母亲的手术非常成功，检查结果表明她的肿瘤是良性的。

母亲出院的第二天，父亲就按计划踏上了出差的旅途。然而，整晚他都显得焦躁不安。直到清晨，母亲温柔的微笑仿佛在传递着一个坚定的信念——她会很快康复。

然而，康复的道路远比预期艰难，过程也异常痛苦。

出于某种原因，医生并没有为母亲开强效止痛药，她只能忍受手术带来的剧烈疼痛。手术也使她突然进入了更年期，这一切的变化来得如此迅速，让她难以应对。没过多久，她开始出现心律不齐和心悸的症状。医生无法解释这些症状的来源，但母亲坚信，这一切都是手术带来的后遗症。

那些日子，白天我去上学，母亲大部分时间都静静地躺在床上，望着窗外洒进来的阳光。当她因出汗过多而感到不适时，我会为她换下湿透的衣物和床单。每天，我也为她准备早餐和晚餐。

处于青春期的我，注意力大多集中在学业、朋友和外表上，处于自我沉醉状态。我很少关注母亲的感受，我们之间的交流也不多。尽管如此，母亲从未对我表达任何不满或责备。相反，她总是温柔地感谢我，坦言如果没有我的照顾，她的康复之路会更加艰难。

一天，母亲躺在床上，看上去好多了。夕阳映射在她床边的墙上，让她显得格外脆弱娇小。

"您还痛吗？"我注意到她额上的汗水，轻轻地问道。

"没什么。你忙你的……爸爸什么时候回来？"母亲问道。

"他再过一周就回来了，"我回答道，知道他要出差三周。

显然，母亲渴望父亲尽早回家。经历了这么多年独自坚强打拼，这是唯一一次让我看到她在我面前如此脆弱。

一个礼拜后，父亲终于回到家，母亲的眼中闪烁着激动的光芒，泪水夺眶而出。当父亲看到躺在床上虚弱的母亲苍白的脸庞和眼角的泪水时，心里充满了深深的自责和后悔。他知道，在母亲最需要他的时候，他却不在她身边。

父亲向母亲倾诉："这太让我心疼了。"爸爸用"心疼"两个字，有他自己特殊的含义。"心"代表心脏，"疼"意味着痛苦，父亲的意思是"你让我的心很痛"。我们家常用这两个字来表达深切的关怀和爱，尽管我们很少直白地说出"我爱你"。当我们看到所爱的人陷入困境时，"我心疼你"成为我们表达内心感受的常用语。在我的一生中，父母无数次用这种简单却深沉的语言与我分享他们的情感。

父亲后来曾坦诚地说，在这样关键的时刻出差离家，是他一生中最深的遗憾。

母亲在接受子宫切除手术三年后，就是1988年，又与严重的带状疱疹展开了艰苦的斗争，她再一次展现了非凡的韧性。这种韧性是她独有的特质。1991年，当父亲在工作中遭遇错误指控和背叛时，母亲毫不动摇地站在他身边，给予了最坚定的情感支持。她陪伴父亲度过了这一年的艰难时期，最终他被证明清白无辜。这些只是母亲在无数挑战中经历的一部分，她始终以昂扬的斗志应对着每一个考验，并以惊人的毅力克服了所有的困难。

母亲一直是我生命中的榜样，是我源源不断的灵感来源。她的坚韧、乐观和独立深深地影响了我，在我心中留下了不可磨灭的印记。她的座右铭"没有什么能打败我"，一直坚定地在我心中回荡。在她个人经历的磨难中，她也教会我如何对弱势群体和受压迫者保持同情心。母亲的生活充满了艰辛，但正是这些困难，激发了她向那些需要帮助的人伸出援手的强烈愿望。

告别爸爸

2022年1月的一个寒冷冬日，我牵着母亲的手，站在父亲的墓前。此时的母亲已是83岁的老人，岁月的痕迹在她身上格外明显。驼背和脊柱侧弯让她显得愈发矮小。冬日的寒风拂乱了她花白的头发，我注视着她那双颤抖的手，擦拭着脸上的泪水。

那是一双因长年操作机床和处理金属而变得粗糙不堪的手，指纹早已模糊不清。正是这双手，为我缝制了那条红裙子；也是这双手，曾经为我们一家包了三个小时的饺子；无数个夜晚，她用这双手轻轻抚摸过我的额头。母亲，是我所认识的人中最坚强、最乐观的人。"总是会有希望的。"这是她常挂在嘴边的话，始终鼓舞着我，也支撑着她自己。

第三章

我的童年和移民故事

唐山地震

那是1976年7月28日的北京。"起床！快跑！" 妈妈的叫喊突然将我从睡梦中惊醒。砰！我们公寓外的走廊里充满了吵闹声和婴儿的哭泣声。我被吓得僵在那里，一动不动。九岁的哥哥从双层床上滚下来，床还在剧烈晃动。我看到他跌倒在地，但他很快爬起来，冲向了门口。

我被眼前的一切惊呆了，忍不住大声哭起来。就在这时，爸爸一把将我抱进怀里，快步把我带到了外面。眼前是一片黑暗的楼梯，已经挤满了人。几秒钟后，我们跌跌撞撞地跑到了一楼，随即冲出了大楼。妈妈慌乱地四处张望，直到看见了哥哥才松了一口气。她把我紧紧抱在怀里，长长地叹了口气说："我们刚刚躲过了一场地震，真是太幸运了。"然而，我并不觉得自己幸运，因为我连鞋都没穿上。倒是我的哥哥更幸运，他第一个冲出了大楼，还和朋友们汇合了。

直到后来我才意识到，自己刚刚经历了唐山大地震——这是二十世纪最致命的地震之一。这场灾难在中国造成了超过五十万人的死亡，给本已深受政治动荡困扰的国家带来了更大的震撼（Rafferty 2023）。

地震对我们在北京的公寓楼造成了轻微损坏，墙壁出现了裂缝，事后没有人敢在里面居住。许多人用塑料防水布和竹竿搭建了大帐篷作为临时避难所，我们都搬进去了。一切都显得阴沉，人们情绪低落。妈妈安慰我们，说我们很幸运，有地方住，明天的生活会更好。她的乐观精神鼓舞了我们所有人。但对我来说，我的哥哥更幸运。他身材高大，身体强壮，可以拎起水桶，用来接漏屋顶的雨水。他不顾余震可能危及生命，自愿跑回我们家取一些衣服。毕竟他比我大三岁。他无所畏惧，我很佩服他。

幸运的是，地震发生在夏天。要是发生在冬天，风雪交加，情况会更加惨烈。

我信任妈妈，生活确实很美好。不仅白天我能和朋友们一起玩，晚上还能和他们一起吃饭、睡觉。每天住在地震棚的日子，就像在露营一样。最有趣的事情莫过于在黑暗中听那些可怕的鬼故事，我和朋友们躲在毯子下面，一边颤抖一边尖叫。我想，正是这些故事，第一次激发了我讲故事的兴趣。

在街上的地震棚住了几个星期后，父母决定让我和哥哥暂时去舅姥姥家住。舅姥姥是妈妈的舅妈，我叫她姥姥，她住在河北省的一个偏远村庄。妈妈小时候在失去父母和祖父母后，曾与舅姥姥一起生活，所以舅姥姥是她为数不多的至亲之一。

我们从北京坐了四个小时的火车到达舅姥姥家。妈妈带着我和哥哥到达后，向房间里的亲戚们一一介绍我们。我紧紧抓住妈妈的手，心里希望她能带我回家。我知道她已经下定决心把我们留在这里，但我还是忍不住幻想她会改变主意。那天，我尽力表现得乖巧，做一个听话的孩子，希望妈妈会怜悯我，带我一起回家。

与妈妈告别是我经历过最艰难的时刻。我清楚她已经决定回家，把我留在这里，所以晚上我一直拒绝闭上眼睛。妈妈一次次催促我睡觉。

我告诉她："不。我知道，当我闭上眼睛时，您就会离开我。"以前每次她送我去石家庄，总是在我睡着后悄悄离开。

她微笑着安慰我说："我保证，这次我不会离开你。"

她反复向我承诺，直到我精疲力竭，不得不入睡。可当我早上醒来时，发现她已经走了。我心里一阵难过，轻轻叹了口气，知道她又对我撒谎了。我对自己昨晚竟然睡着感到懊悔。幸好，姥姥叫来了她的四个孙女来陪我和哥哥玩。她们和我年纪相仿，这让我感到了一些安慰。

在那个乡村里，生活十分简朴。药品和食物都非常有限，米饭和馒头是稀有的奢侈品，而肉和鸡蛋更是难得的享受。当然，这里没有电视、电影或书籍。我们的玩具不过是石头、泥土和树枝。冬天，寒冷常常让我双手干裂，但炕上的温暖让我感到满足。炕是一张由泥土和砖块砌成的宽床，下面有一个炉子用来取暖，足以驱散所有的不适。在这里，我很快适应了新的生活。

我一直羡慕并钦佩我的哥哥。他比我高大、强壮、聪明，会读书写字，知道的鬼故事比我多得多。我似乎总是疾病缠身，哥哥却总能保持健康、充满活力。尤其是当妈妈太累无法抱我时，哥哥总是能一路背着我从车站回到北京的家。虽然他常说我"被宠坏了"，但每次我求他时，他依然会把我背在背上，毫不犹豫。

然而，这一次，运气并没有站在哥哥这边。生活条件的改变让他一直感到不适。村里没有医疗设施，最终他病得太重，无法下床，只能整天躺在炕上。他这个年纪的男孩子本该充满活力，蹦蹦跳跳，玩耍嬉戏，而此时却只能虚弱地躺着。舅姥姥担心他的健康，便写信给我的父母，催促他们赶紧带哥哥去北京诊治。几天后，爸爸终于来了。我满怀希望，期待他能带我们两一起回去。

第二天，我们步行到村子的尽头，来到公交车站。爸爸向舅姥姥表达了感谢后，转过身温柔地对我说："你要和姥姥一起回去，我现在要带你哥哥回家。"

"我想和您一起去，我也想坐车回家。"我走近他，充满期待。

爸爸弯下腰，用柔和的声音对我说："家里现在有困难，你暂时要留在这里。你是个好孩子。"

我不明白他所说的"困难"是什么意思。那时我只觉得，哥哥真是太幸运了！我满心嫉妒他，甚至希望自己也能病得那么重，好让爸爸把我也带回家。

爸爸看着我瘦弱的身体和因鼻炎流鼻涕的样子，显得不舍。我想，他在安慰我时，心里一定很难过。我记得他说："你是一个坚强而勇敢的孩子。"这句话一下子让我振作起来，给了我力量。

在我年幼的眼中，哥哥在各方面都比我优秀。然而，这一次，我觉得自己赢了。我不再嫉妒他，因为我意识到自己是一个坚强而勇敢的人。尽管与爸爸妈妈的分离让我心情波动，但我没有掉泪，因为我知道，自己已经变得坚韧。在父母的信任和赞美中，我找到了内心的安慰，并在艰难时刻坚定地站立着，帮他们减轻了忧虑。

除此之外，爸爸从北京带来的糖果也给了我极大的安慰。这些糖果在村里引起了轰动，吸引了所有附近的孩子。对于许多孩子来说，这是他们第一次品尝糖果，简单的甜味给他们带来了终生难忘的体验。"你想要一些糖果吗？"每当我摊开脏兮兮的小手，展示五彩缤纷的糖果时，他们的眼睛都亮了起来，充满了惊奇与羡慕。我感受到了周围孩子们投来的羡慕与尊重。哦，我真是太幸运了！

那个冬天特别漫长而寒冷。我忍受着农村生活的艰辛，但这些糖果帮助我结交了许多朋友。回顾那些年，有父母坚定不移的爱，有舅姥姥的关怀，还有那些忠诚的友谊，我怎能不觉得自己是如此幸运呢？

童年活动

妈妈常常回想，抚养我有多么艰难，尤其是因为我经常生病。对各种食物的过敏导致我消化不良，时常伴有胃痛。我还偶尔会因低血糖晕倒，最终，妈妈发现我被附近托儿所列入了黑名单，我的晕倒吓坏了工作人员，所以没有托儿所愿意接收我。这也是父母决定多次把我送到石家庄舅姥姥家生活的原因之一。在我七岁之前，我被送去舅姥姥家住了三次。

由于我容易晕倒，周围的人总是感到惊慌。为了避免晕倒，妈妈教我每当感到头晕时要立即蹲下或坐下。这样做能让血液更好地流回头部，帮助我恢复清醒。除了这个应对方法，妈妈还会在我口袋里放一颗糖果，以备不时之需。然而，我的小学禁止携带任何食物，所以我不得不把糖果偷偷藏起来。因此，我发现坐下来是最有效的防止头晕的方法。

和舅姥姥一起生活的那段时间，最让我感到尴尬的并不是身体不好，而是我对农活的生疏。由于我在远离田地的城市长大，和邻居的小伙伴相比，我显得格外笨拙，他们从小就擅长这些农活。

学校每天都会安排一项任务，就是在大人们从地里收割完小麦后，让我们小孩子去拾捡地上剩下的麦穗。一天结束时，我们要把收集到的麦穗交给学校，老师会记录每个人的收集量。我清楚地记得，有一次我收集到的麦穗是所有孩子中最少的。那天晚上，一位亲戚问我今天捡了多少麦穗，我心情沉重，眼含泪花，回答："只有二两。"他拍拍我的背，试图安慰我，但我还是止不住地哭了。就在这时，我最喜欢的表姐走过来，握住了我的手，低声对我说，第二天她会分一些自己的麦穗给我，这样我就不会是最后一名了。果然，第二天她给了我二两她收集的麦穗，让我的份额比前一天多了些。这让我感到无比感激，那一天也成了我记忆中美好的一天。

另一个让我倍感挑战的任务是拾粪，就是捡牲畜的粪便。粪便通常干燥后看起来和土壤差不多，尤其是当它平摊在土路上时。我虽然已经六岁了，但连农村里四岁的孩子都比不上。他们从小就几乎每天看到粪便，所以对它们非常熟悉，捡得又快又准。相比之下，我总是反应慢，每次看到地面的粪便时，总是被其他眼疾手快的孩子抢先捡走。最后，我叹了口气，沮丧地空手回到学校。

后来，一位邻居女孩教了我一个技巧："你必须去马厩门口。"她告诉我，那里能找到更多的粪便。她带我去马厩，保证我们可以在晚上找到好机会。每天结束时，马、骡子和驴子都会回到同一个地方，它们总是把粪便留在马厩门口的地上。那天，我们一直等到晚上，牲畜回来了，趁大人们开始清理动物之前，我们迅速收集了所有的粪便。成功了！这一次，我终于没空手而归。我真的很感谢那位朋友的指点，一切都变得不一样了。

在农村，食物匮乏，每个人都饥肠辘辘。我逐渐开始喜欢上田野里的新鲜蔬菜——黄瓜、西红柿和茄子，生吃时的味道让我惊艳不已。如今，人们常常强调吃杂粮的重要性，而在那个年代，我们的主食就是粗粮。玉米面是当时主要的粗粮食材。问题是，这些粗粮只能暂时填饱肚子，饥饿感很快又会卷土重来。相比之下，大米和面粉却是稀缺的珍品，只有在节日时才会出现在我们的餐桌上。

舅姥姥用玉米粉做的窝窝头是我吃过的最好吃的食物。最美味的一顿饭当属热气腾腾的玉米窝窝头，配上猪油炒大葱和木耳，木耳是从附近树林的原木上采集来的。回到北京后，我惊喜地发现每顿饭都有米饭或馒头。这对我来说简直像一场盛宴，无比奢侈！

我不喜欢冬天，因为我必须穿上几层厚裤子，而且鼻子经常堵塞。但最糟糕的是寒冷让我的手背皮肤变得干燥、粗糙，甚至裂开流血，非常疼痛。我身边所有孩子的手也都干裂。我的舅姥姥总是有办法，她会用木门闩上的浮土作为药粉，帮助止血和愈合伤口，效果神奇。不过，这种粉末只能治疗外伤，无法解决皮肤干燥的问题。为此，她告诉我先用热水洗手，擦干后再涂上一层食用油。但我常常觉得太冷，拒绝洗手，只有在饭前才勉强去洗。

我们家用的水来自一口井，每次需要水时，都用桶吊上来。水储存在一个圆柱形的陶瓷大缸里，供我们饮用、做饭和洗涤。由于房子本身就很冷，井水也是冰冷刺骨的，这让我更不愿意洗手。好在舅姥姥有一个形状像牛仔帽的铜水盆，专门用来装热水洗手。我特别喜欢这个水盆，或许是因为舅姥姥自己也很珍爱它。

我和村里的孩子们总能从最简单的事物中找到乐趣。我们穿着普通的鞋子在冰上滑行，完全不知道溜冰鞋是什么概念。雪地成了我们的游乐场，而我最珍视的消遣之一就是制作"摇晃筒"。这是一项富有创意的尝试，首先是将一两块小石头放进雪球中，然后用泥巴将雪球包裹起来，使其变得坚固。接着，把泥球放在太阳下晒上几天，等雪融化后，泥球里就只剩下石头了。虽然我的尝试经常以泥球破裂告终，但在渴望制作出村里最好的"器皿"的驱动下，这个过程充满了乐趣和希望。

在年幼的我的眼中，舅姥姥是世界上最英明的人。她事无巨细，里里外外都能妥善打理，烹饪、园艺、家禽饲养样样精通。她不仅在我生病时无微不至地照顾我，帮助我恢复健康，还精心管理着我们家的鸡。有一次，一只母鸡在院子里摇摇晃晃，像喝醉了一样。舅姥姥告诉我，这只母鸡可能是误食了化肥或农药，中了毒。

她仔细观察了母鸡几分钟，然后告诉我，如果不治疗，它可能会死。这可是我最喜欢的母鸡，因为它总是下蛋。要是它死了，我会非常难过。舅姥姥决定为它做"手术"，她把母鸡放在腿上，用剪刀小心地剪开了它的脖子，取出了里面的食物。随后，她用不到一分钟的时间，熟练地缝合了母鸡的脖子和腹部。当时母鸡流了很多血，看上去似乎已经奄奄一息了。接着，舅姥姥给它喂了一些水，让它静静地躺在那里。几个小时后，母鸡慢慢站起来，环顾四周，试着走动，最后恢复了正常状态，像往常一样在院子里咕咕叫着，寻找食物。这只母鸡又活了一年。长大后，我时常回想起这次手术，心里怀疑这是否真的是治疗中毒鸡的正确方法。即使我在网上搜索，也找不到确切的答案。然而，因为我亲眼见证了手术的成功，我当然相信舅姥姥的技艺和判断力。我对她的足智多谋和勇气感到无比敬佩。

我的舅姥爷是我外祖母的弟弟，舅姥姥嫁给了他，因此她和我妈妈没有血缘关系，也就是说，我和舅姥姥之间也没有血缘关系。然而，这一点并没有影响她对我深深的关爱。尽管她的正规教育有限，但她拥有丰富的智慧，总是用最柔和的声音给我讲述那些迷人的民间传说。小时候，她耐心地教我数数，并惊叹于我快速掌握了数十的规律。舅姥姥裹着小脚，这是如今只在纪录片里才能见到的形象。我们一起睡在炕上（就是一张用砖砌成并加热的大床），我每天都看着她把脚包起来又解开。从20世纪初到40年代，缠足曾是中国文化的一部分。可以想象，对于那些在田里和家中劳作的妇女来说，缠足会带来多大的不便和痛苦。她在院子里种了两棵梨树。每到收获的季节，她总是特意留给我更多的梨。即使要把水果分给她的四个孙女，她也总是确保我能多得一些。有时，她甚至会偷偷把梨藏起来，等其他孩子离开后才悄悄给我。这份额外的关爱让我倍感温暖。

舅姥姥的一生经历了无数的考验，每一次困难都比上一次更加艰难。由于贫困、疾病和战争的摧残，她年轻时便失去了十个孩子中的六个，承受着常人难以想象的心碎。20世纪70年代初，丈夫的去世给她带来了又一次沉重打击。然而，经历了这一系列悲剧后，她从未向痛苦或绝望屈服。相反，她成为家庭中不屈的力量支柱，带领家人渡过了艰难岁月。

虽然在石家庄生活的时间不超过两年，但那段时光却成为我童年中最珍贵的记忆之一。与疾病的斗争让我明白了保持健康的重要性，也让我学会了每天都怀抱乐观，期待着能早日与父母团聚。幸运的是，整个过程中，我始终可以依靠舅姥姥，她是我所认识的最善良、最坚韧的人之一。

我最后一次见到她是在我高中毕业后的那个夏天，我再次回到村子。一切都已改变许多，很多小时候的记忆已经模糊不清，唯一清晰不变的，是舅姥姥那灿烂的笑容。十三年过去，她依然那么高兴见到我，并在那炎热潮湿的日子里，为我们准备了一顿特别的午餐。遗憾的是，我忘记带相机，没能和她合影留念。我多么希望能捕捉那一刻，将她与我定格在时间里。那一天成了我们最后的相聚，永远铭刻在我的记忆深处。我感叹人生的流逝，唯一的安慰是，在她去世前一年，我还曾和她通过一次电话，那时我已在美国，而她依然在那个我熟悉的小村庄。

回顾往事，舅姥姥非凡的影响力依然在指引着我的人生，提醒我乐观、坚韧，并坚定不移地相信善良的力量。

光荣的食物

我从我女儿那里听到了歌曲《食物，光荣的食物》，她是学校合唱团的成员。这首歌描绘了十九世纪伦敦半饥饿的孤儿们对食物的幻想和渴望，对我来说，却勾起了我对1958年至1961年中国三年大饥荒或"三年自然灾害"的联想。

我一直很好奇，爸爸在那样艰难的时期，是如何还能把自己的配给券捐给生病的朋友的。因为很多次我都听他说，粮票非常珍贵，总是不够用。当我问起这件事时，他笑着回答："不吃饭，没别的办法。"他继续解释道，"每个月，我总能在月底为那个学生留下一些粮票，几两也好，几公斤也好。"

十年后，国家终于开始从三年灾后恢复的时期中走出来，我有幸在这个时候出生。然而，饥饿的阴影依然笼罩着幸存者，食物短缺仍然是最紧迫的问题。我有一位比我大几岁的朋友，他曾告诉我，尽管红薯富含纤维和维生素，但他却很讨厌红薯。因为，红薯汤、煮红薯、红薯粥、红薯叶几乎成了他童年记忆中的全部食物。

虽然我家里的情况相对好一些，但偶尔陷入经济困难的记忆依然清晰。我还记得妈妈焦急等待每月工资的情景。有时候，她不得不让我去收集和回收酱油瓶，攒够五到十分钱，才能在月底前买些食物。我还记得，那时购买半元以下的猪肉无需配给卡。我和哥哥就在杂货店轮流排队买肉。哥哥买价值不到半块钱的一小条肉，大约是不到半斤。然后，我去买同样的量，之后哥哥再重新排队。通过这种方式，我们几轮下来就能攒到更多的肉。

鸡蛋是我们主要的营养来源，但妈妈从来不吃，总是把它留给我们。有一次，我告诉一位中国朋友，小时候我每天吃一个鸡蛋。他听后十分惊讶："哇，那可真奢侈！那时候，我只有在过年、生日或其他特殊节日才能吃到鸡蛋。你们真是太幸运了！"他的话让我顿时无言，这让我意识到，在那个时代，每天能吃到一个鸡蛋已经是一种难得的幸运。

移民

"你最好别搬到那个鬼屋，风水不好，住在那里的两个人都死得很惨。"我的加州大学洛杉矶分校朋友提醒我。他也是来自中国的留学生。"第一个人自杀了，第二个人去年死于车祸。两个都是中国女孩，这个房间好像被诅咒了。"

我坚定地回答："我不怕鬼。我只是想换一个宿舍、一个双人间，好让我能专心学习。"

那是1995年9月，距离加州大学洛杉矶分校第一学期开学还有一周。我当时与合租公寓里的另外两名女性共用一个房间。为了能够在一年内顺利完成研究生课程，我需要一个能够专心学习的环境。于是，我申请换到一个双人间。作为一名新生，我在住房分配的等候名单上排在最后。周围的人都觉得我几乎没有机会，但我还是抱着奇迹的希望提交了申请。没想到，两天后我收到了好消息，我被分配到了那个"鬼屋"，因为没有人想要那个单元。感觉上帝回应了我的祈祷，我毫不犹豫地抓住了这个机会，搬了进去。与我同住的是一位越南女学生，她没有听说过这个"幽灵单元"令人不安的故事。

在进入加州大学洛杉矶分校之前，我需要确保自己有足够的资金来支付生活费用。幸运的是，我获得了一份奖学金，足以支付学费。整个夏天，我在一家中餐馆打工，攒下了大约1000美元，加上我父母资助的1000美元和我在中国工作时赚的1000美元，我的账户里一共存了3000美元，这笔钱是我一年的研究生生活预算。如果我能在一年内完成学位，这意味着每个月的开销不能超过300美元，涵盖房租、食物和其他费用。我下定决心要极其节俭。

想要在一年内完成研究生学位的愿望，激发了我全力以赴学习的决心。到了1996学年结束时，我实现了自己的目标，顺利获得了学位，同时也完美控制了预算，恰好花了3000美元。一路上，我非常幸运，得到了教授和朋友们的大力支持，帮助我完成了这个挑战。

文化和语言障碍

我天生是一个健谈且喜欢讲故事的人，习惯每天分享自己的想法。然而，来到美国后，语言障碍让我暂时搁置了讲故事的愿望。准确表达感受和描述事实需要我刻意去寻找准确的词语，这种努力常常让我感到精疲力竭。有时，由于内心的不确定，我干脆选择沉默。

虽然我能够进行日常对话，但这些对话无法达到我所渴望的深度。我想与别人讨论体育、文化、艺术、政治、电影、书籍和食物。我也意识到，自己对美国和西方世界的了解非常有限。如果我只能聊聊工作和一些基本的问候，谁会愿意和我深入交谈呢？例如，有一次，一位同事提到他最喜欢的乐队是Grateful Dead，我完全不知道那是什么意思。而作为一名狂热的足球迷，我特别想讨论阿根廷传奇球星马拉多纳，但我身边的美国人却几乎没有谁听过他的名字。克林顿总统的弹劾事件让我感到困惑，但我却不敢开口提问，特别是关于他和莫妮卡·莱温斯基的绯闻被曝光后，为什么他仍然能继续担任总统，我完全无法理解。

尽管我从中学到大学都在学习英语，但当我第一次来到美国时，仍然感到极大的不适应。我对许多词汇混淆不清，比如"沙漠"（desert）和"甜点"（dessert）、"汤"（soup）和"肥皂"（soap）、"僧"（monk）和"猴"（monkey）、"厨房"（

kitchen）和"鸡"（chicken）。可以想象，这些年来我经历了不少尴尬的时刻。

例如，在进入加州大学洛杉矶分校攻读研究生之前，我给宿舍管理处打电话询问是否有房间和租金价格。之后，我对宿舍的布局感到好奇，就问他："宿舍里有没有*鸡*（chicken）？"电话那头沉默了一下，他回答道："抱歉，我不明白你的问题。"突然，我意识到自己的错误，"哦，很抱歉，我是想问你，单元里是否有*厨房*（kitchen）。"我听到他平静地回答："没有的，女士，没有厨房，也没有鸡。"（No, Ma'am. No kitchen or chicken either."太尴尬了！

更尴尬的是，我总是搞不清"她"和"他"的区别。这是因为在汉语口语中，性别不分。有时，我会把一个男孩称为"她"，把一个女孩称为"他"，甚至把一对夫妇的丈夫称为"她"，"她的"，或"他的丈夫"。每当这种情况发生时，别人总是会露出困惑的神情。

在餐馆点餐时，我经常感到紧张。有一次，我在仔细阅读菜单时，看到一个菜名叫"鱼手指"（fishfingers）。出于好奇和一丝勇气，我问服务员这是什么鱼。服务员很快回答了，但我不明白他说的是什么鱼，无法将它与我熟悉的中文词汇对应上。于是，我决定点这道菜，想看看到底是什么鱼居然有"手指"。然而，当菜端上来时，我大失所望——根本没有"手指"！原来，它们只是用手指拿起来吃的鱼条。我感到自己好像被"骗"了，便决定不用手，而是用叉子来吃这些鱼条。说实话，"鱼手指"确实比我预想中的鱼好吃。那天之后，我学会了不能仅凭菜名的字面意思判断食物。

还有一次，我在路易斯安那州旅行，去了家不错的餐馆。当我看到菜单上有"鳄鱼汉堡"时，我心想："这次别骗我，他们肯定是把汉堡做成鳄鱼的形状。"于是我又好奇地点了它，结果它看起来完全不像鳄鱼，但味道却出奇地好。后来我才发现，那竟然是真的鳄鱼肉，而且非常美味。想象一下！这完全超出了我的预料，我从未想过自己会吃掉这种凶猛的动物，按理说应该是它吃我才对吧。我为此感到非常得意，之后，逢人便讲，尤其是在中国朋友面前炫耀："你们猜怎么着？我在美国吃到了鳄鱼！"

除此之外，美式英语的口音和说话速度也让我难以理解。在中国，我们学习的是英式英语，而美式英语听起来几乎像是完全不同的语言。比如，"车库"（garage）、"番茄"（tomatoe）和"公里"（kilometer）的发音与英式英语截然不同，这让我感到非常困惑。而且，至今我仍不明白为什么美国在几乎全世界都使用公制的情况下，依然坚持使用旧的英制系统。美国用"英里"而不是"公里"，用"华氏度"而不是"摄氏度"，用"英尺"而不是"米"，用"加仑"而不是"升"，这些都给我带来了不小的挑战。

有一次，有人问及我的身高，我回答说："我1.64米。"对方很困惑，她要求我换算成英尺和英寸。我一时不知如何应对，停顿了一下，最后随口说："我身高5英尺10英寸。"显然，这让对方很惊讶，她上下打量我一番。后来，我才发现，1.64米实际上是5英尺5英寸。类似于这样的时刻总让我感到尴尬，同时也让我意识到，文化差异带来的挑战有时比语言本身更复杂。

我的第一个美国朋友

1994年我抵达美国后，贝丝 (Beth) 成为了我的第一个美国朋友。当时，我在一家非营利组织找到了实习工作，而她是那里的办公室经理。刚到美国时，我的英语口语还比较初级，性格也内敛害羞。然而，贝丝的热情与友善帮助我在办公室里找到了立足之地。她耐心地向我解释该组织的使命——我们的工作是为成员提供关于不同癌症治疗方法的信息。我的具体职责是创建和管理成员数据库，并根据他们的需求生成定制的报告。这个职位结合了数据库管理员、数据分析师和技术支持的元素。随着时间的推移，我逐渐胜任了这些职责，而这一切很大程度上要归功于贝丝的耐心指导和无私支持。

贝丝是我见过的最友善、最亲切的人之一。由于她和我父母年纪相仿，我常常觉得她像是我的"第二个母亲"。她总是关心我，问我是否需要任何帮助。她有一辆车，所以经常自告奋勇带我去我需要去的地方。

有一次，我在地铁站遇到一群青少年，他们对我的外表和背包指指点点，嘲笑我。我一开始选择无视他们，但当我站在自动扶梯上时，其中一个青少年竟然过来拉扯我背包上的绳子，气氛顿时变得更加紧张。我非常生气，但却不知道该如何应对。后来，我把这件事告诉了贝丝，她听完非常愤怒，严厉谴责了这些青少年的行为，并对我的遭遇深表同情。她安慰我说，大多数美国人其实是友好和有礼貌的，还鼓励我以后在遇到类似情况时要保持冷静，并坚定地捍卫自己。从那以后，贝丝时常关心我乘坐地铁的情况。她还向我展示了自己随身携带的胡椒喷雾，建议我也带一瓶以防万一。

贝丝对办公室里的每个人都很友善，尤其是对我和西尔维娅（Sylvia，一位拉丁裔女性），因为我们都是这个国家的新移民。作为一名白人女性，她从未表现出任何优越感，她的温暖为我们创造了一个平等的环境，消除了差异感。午餐时间和下班后的闲聊成了我们珍贵的日常片段。贝丝那富有感染力的微笑和友善的互动让我的每一天都充满阳光，甚至让我对每个周一充满期待。

当贝丝向我请教电脑操作时，她的谦逊态度增强了我的信心。她向我寻求帮助，学习 Microsoft Word 和 Excel 中的邮件合并功能。她很快就掌握了技巧，并感谢我给她的耐心指导。她的感激让我更加自信，也让我意识到我在异国的努力得到了认可。

除了工作，贝丝对中国和我的成长经历充满了好奇，这促成了我们之间更有意义的对话。她表达了对中国美食的喜爱，并渴望深入探索。我还和她讨论了中国女孩的教育问题，分享了大城市女性接受良好教育的情况，以及农村地区存在的差距。我们的交流超越了工作范围，拓宽了彼此的视野。

在一次谈话中，我提到，在中国，考进一所好大学非常艰难，尤其是因为严格的入学考试。虽然我上的大学还不错，但它并不是顶尖的学校。贝丝的回应让我感到意外，她说："Lucy，你很聪明，也很成功。你会更加成功。"尽管我们认识的时间不长，但她对我坚定不移的信心让我备受鼓舞，给了我莫大的支持和力量。

就在那时，我收到了加州大学洛杉矶分校的录取通知书。此前，我曾被不列颠哥伦比亚大学（UBC）拒绝，所以当加州大学洛杉矶分校录取我时，我满怀期待。同时，我也申请了奖学金，紧张地等待结果。当我最终获得奖学金并与贝丝分享这个好消息时，她比我还要兴奋，激动之情溢于言表。她坚持要一起庆祝，带我去了吉福德冰淇淋店，那是一次特别的体验。我在那里享用了人生中的第一份香蕉圣代，味道令人难忘。我一直将这段回忆与贝丝的慷慨和鼓励联系在一起。

除了带我去冰淇淋店，贝丝还教我玩金罗美牌等纸牌游戏。偶尔，我们会在下班后玩上半小时。在这些轻松的时光里，她不仅教我游戏规则，还与我分享了她自己的生活故事。作为一名单亲母亲，贝丝在离婚后独自抚养了四个孩子。她通过努力工作，支持孩子们完成了大学教育，而他们都在各自的领域中表现得非常出色。她深爱每一个孩子，并且与他们关系非常亲密。

时光飞逝，在非营利组织工作了一年零三个月后，我终于到了要告别，踏上加州大学洛杉矶分校新旅程的时刻。离开贝丝并不容易。她真诚地带我去她最喜欢的餐厅Outback，为我举办告别晚宴。在晚餐中，贝丝不断为我打气，赞扬我的能力、潜力和智慧。她对我说："等你在加州大学洛杉矶分校毕业时，我要和你一起庆祝！"她的鼓励和信心深深影响了我，支撑着我在接下来的学业中刻苦努力。

绿卡

1996年夏天，我毕业了，开始了我的职业生涯。我在纽约州布法罗的一家环境咨询公司获得了一个环境工程师的职位。对于像我这样的移民来说，拿到绿卡意义重大。我清楚地记得，当我意识到自己丢失了一份重要的签证文件时的那种惊慌。恐惧感袭来，绝望随之而生。从申请绿卡到最终收到绿卡，我经历了两年等待、查询和期盼。但与一些朋友需要等待五年甚至更长时间相比，我算是幸运的。这段漫长的等待限制了移民的工作流动性、薪资谈判时的底气，甚至无法选择搬到离家人更近的地方。对于土生土长的美国人来说，这些都是理所当然的基本自由，但对于像我这样的移民却并不容易获得。

即使在拿到绿卡之后，我的安全感也从未完全恢复。由于我在成长过程中资源匮乏，粮食不足，这种不安全感一直挥之不去，所以直到现在，我依然保留着储存食物的习惯。旅行时，我首先寻找的就是食物。我总是确保住处附近有美食广场，而且我的包里永远装着零食。我想，潜意识里，知道食物随时可得，会让我感到更安心。据说，即使是像在东德长大的德国总理安格拉·默克尔（Angela Merkel）那样的人，也保留了早期储存食物的习惯（Connolly 2010）。

开启职业生涯

1997年春天，我参与了一个与新奥尔良家庭污染事件相关的调查项目。能够与现场的承包商合作让我感到兴奋。然而，项目开始后不久，我遇到了困扰，一位工人从第一天起就拿我的口音开玩笑。最初，我对此不以为然，觉得这只是所谓的美国式幽默。同时，因为希望融入团队，并渴望得到同事的喜爱，我也不想显得过于敏感。

然而，随着时间的推移，那个人开我的玩笑越来越频繁，我对自己的口音和语言能力开始感到尴尬。到了第三天，情况开始恶化。第五天，当我们需要用胶带密封个人防护服的袖口时，我向他要一块胶带（tape），他的回应让我震惊不已——他说："我不会娶你。"我听后如遭雷击，目瞪口呆。

那一刻，我的笑容凝固，心中涌起各种复杂的情绪——羞耻、愤怒和悲伤。我默默走开，心里一片混乱。那天晚上，我忍不住泪流满面。

经过与朋友讨论，我鼓起勇气向项目经理报告了此事。第二天早上，那名工人通过电话向我道歉。当天晚些时候，管理层还是解雇了他。虽然内心充满了正义感，但我不禁对他产生了些许同情。我希望事情能够有一个更好的解决方案，通过理解而不是解雇来解决问题。虽然我希望他从这次经历中学到宝贵的教训，但我也从中理解了重要的人生原则。我意识到，如果我感到不安或不舒服，应该从一开始就勇敢表达出来。这是一次关于如何表达自己的感受、处理冲突，以及在工作场所建立明确界限的重要教训。那时的我还没有学会如何有效地表达自己的情绪。

除了工作不稳定的挑战之外，我还面临着深深的孤独感。1996年，搬到纽约州布法罗开始我的第一份工作时，我身边没有任何朋友。最初的两个冬天尤其艰难。布法罗的恶劣天气与我在洛杉矶读研究生时的温和气候相差甚远，我不得不努力适应。我学会了如何在积雪覆盖的道路上开车、如何为挡风玻璃除霜，以及在恶劣天气出门之前准备好补给品。

那段日子对我来说格外具有挑战性，尤其是在结束了一场失败的感情之后。每个夜晚，我的泪水都会陪伴我，而清晨，我总是用化妆品来掩盖肿胀的双眼。我像小时候那样，不愿意与父母分享太多烦恼，因为他们已经为我付出了很多，我不愿再让他们承担更多忧虑。我记得自己下班后常常沿着伊利湖畔散步，任凭狂风吹拂脸庞，那狂风仿佛是我内心风暴的外在写照。

有一天，我站在漆黑的湖边，一个不安的念头突然闪过脑海：如果我掉进水里淹死了怎么办？没有人会注意到我，很长一段时间也不会有人发现。我想象着，过了一段时间，我的父母不得不向警方报告我失踪，他们或许会在湖里找到我的尸体——或者永远找不到。我的父母会因失去我而痛哭流涕，永远无法从痛苦中恢复过来。这个短暂而严峻的想法深深震撼了我。我赶紧擦干眼泪，下定决心：不能让这样的想法蔓延开来。我提醒自己，必须生存下去，内心需要聚集力量。虽然这个念头很快消散，但它激励我以新的决心去拥抱生活。

布法罗的日子尽管充满孤独，但也存在着一丝光明。我的一位大学时结交的密友邀请我去辛辛那提，与她一起共度感恩节。她亲手做的包子比餐馆的饭菜还好吃，她的善意和温暖的言语给了我安慰。此外，我在工作中也建立了有意义的友谊，特别是与几位中国同事之间的联系。他们邀请我到家里，给我做传统的中餐，邀请我一起过年，缓解了我对过去的怀念。

更让我感到温暖的是，我一位最亲密的朋友搬到了多伦多。她热情邀请我去拜访她和她的丈夫，让我分享工作挫折和个人挣扎。他们的耐心倾听和鼓励的话语让我如同找到了希望的灯塔。1997年，我的哥哥和嫂子也搬到了多伦多。每隔两周，我都会驱车两个小时去探望他们。在家人的怀抱中，我找到了喘息的机会和情感上的抚慰。在我最黑暗的时刻，友谊和家庭的支持为我提供了急需的安慰。

随着1998年春天的到来，我感到自己焕然一新。为了克服孤独感，我开始积极锻炼身体。滑冰成为我冬季每周的固定活动，而舞蹈课让我接触到了芭蕾舞和摇摆舞，为我的日常生活注入了新的活力。游泳也成为了我的常规锻炼，带给我身心的充实和愉悦。加入当地华人合唱团更进一步促进了我与他人的联系，我每周都欣然前往练习。还有一位朋友邀请我去教堂，这是我第一次接触基督教的机会。

最重要的是，一段旧日的友谊成为我生活中的转折点。1998年夏天，加州大学洛杉矶分校的一位老朋友重新进入了我的生活。我们因为共同的历史和兴趣再次走到了一起，并作出一个意义深远的决定--步入婚姻殿堂。这一新的篇章象征着希望与爱的新生，开启了我人生的全新旅程。

搬迁至旧金山

当时他住在洛杉矶，正处于博士学位的最后阶段。随着我们关系的加深，我意识到维持异地恋将是一项挑战。我暗下决心尽量靠近他一些。然而，由于我正在申请公司赞助的绿卡，无法轻易换工作。唯一可行的办法是说服公司把我调到离他更近的地方。我知道公司在洛杉矶和旧金山都有办事处，但不确定他们是否会批准我调换办公室的请求。

我鼓起勇气制定了一个计划，尽管这意味着我要做出冒险的决定，并承担相当大的风险。如果公司高层拒绝我的请求，甚至觉得我不值得继续雇用，该怎么办？当时的经济环境相对低迷，对我非常不利。我反复权衡后，决定绕过顶头上司，直接与首席执行官沟通。如果他批准，我就能顺利推进下一步的流程；如果不批准，我的应急计划是通过顶头上司或其他渠道继续上诉。幸运的是，首席执行官在最近的一个项目中对我的表现给予了认可和赞赏，因此我决定直接向他提出请求。

一天下午，大约5点30分，我鼓起勇气敲开了首席执行官的办公室门。当时，大多数同事已经下班回家，我一整天都在等待这个合适的时机。一遍又一遍地练习我的台词，直到熟悉得不能再熟悉。我心跳加速，非常紧张。我与他闲聊了一会儿，然后提到了我一直挂在心头的话题。我问，我是否可以搬到洛杉矶或旧金山，同时保留目前的职位。我的理由很简单：我打算与未婚夫共同生活，并且承诺会继续保持高效的工作状态。当我清晰地陈述我的提议时，他专注地倾听，并不断点头。出乎意料，他立刻同意了。我的内心充满了喜悦，虽然表面上波澜不惊，但内心早已欣喜若狂，仿佛在跳着欢快的摇摆舞。最终，由于项目需要，目的地定为旧金山。虽然这不是洛杉矶，但也足够接近了。

我很快将这个消息告知了人力资源总监和我的顶头上司，他们的笑容加深了我的兴奋。回想起来，我意识到旧金山湾区，尤其是硅谷的生活成本很高，我本可以通过谈判获得加薪。然而，这个念头当时并没有出现在我的脑海中。我对能够得到批准感到满足，担心如果要求加薪，可能会被视为贪婪或不知感恩。

从签订租约、收拾行李到实际搬家，一切都进行得井井有条。好在我得到了布法罗和多伦多朋友的坚定支持，他们在整个过程中一直陪伴着我。两个月内，我成功搬到了旧金山湾区。1999年不仅是我搬迁的转折点，也是我步入婚姻殿堂的一年。曾经困扰我的孤独感已成为遥远的记忆。上帝回应了我内心深处的祈祷，我对此充满了感激之情。

第四章

我年迈的父母

喜乐的心是良药。
—箴言 17:22

我父母退休后选择住在我附近,他们一如既往地过着简朴的生活。七十多岁时,父母成为基督徒,开始效法耶稣的榜样,积极追求谦卑和温柔。父亲专心研读圣经,每天祷告,对身边的弟兄姊妹关怀备至,充满感情。他的退休生活充满了欢乐和笑声,他把这一切都归功于上帝的恩典。

阿尔茨海默氏症

我父母的症状几年前开始显现,或者更确切地说,那时我才注意到他们有老年痴呆的迹象。一切从一些小事开始,比如他们被锁在公寓外,需要我去帮助开门。随后,我发现他们在柜台上摆放的腐烂苹果,厨房里果蝇也越来越多。他们常常混淆冰箱和橱柜,把食物放错地方,导致腐烂发臭,引来大量的果蝇。每次我指出这些问题时,他们总是向我道歉。随着时间推移,他们开始忘记吃药和交房租。曾经熟悉的iPad和手机等用品变得难以使用，甚至连操作烤面包机和微波炉这样的简单电器也逐渐变得困难，连锁门和开门这样的基本任务也不再轻松，他们的生活变得越来越混乱。

由于不按时吃饭，他们的体重显著下降。我定期打扫他们的房间、整理衣物、为他们做饭，并提醒他们按时服药。尽管他们的自理能力逐渐衰退，他们仍然关心我，总是对麻烦我感到抱歉，觉得自己占用了我太多时间。

母亲的痴呆症比父亲更为严重，照顾她的挑战也更大。曾经坚强、聪慧、充满活力的母亲似乎不再存在，最初，我对这一事实感到困惑和难以接受。他们两人都曾智慧非凡、坚韧无比，在物理学领域表现出色，长期以来一直是我的榜样和灵感来源。我怎么能忘记父亲骑着自行车带我和哥哥去北京动物园，尽管一天回来筋疲力尽，他依然强壮得足以扛着我们爬楼梯回到公寓的情景呢？他曾是力量的象征啊。那位曾毫不费力地解决复杂物理和数学问题、为我缝制最漂亮红裙子的母亲，如今又去了哪里？

我意识到形势的紧迫性，一心要帮助他们，首先，要确保他们按时吃饭、服药，其次，保持清洁，最后，让他们多参与社交活动。然而，要让他们接受外人帮助却是一个挑战。我软硬兼施提出建议，他们也不愿接受。总之，他们拒绝麻烦任何外人。

于是，我灵机一动，想出了一个好办法。他们不愿意让外人进入公寓给他们准备晚餐，为了解决这个问题，我先安排保姆在我家准备饭菜，然后让她送到他们楼下。保姆到了门口后打电话通知我父母下楼取餐，我对他们说这是餐厅的剩菜。过了一阵，我终于说服他们，允许保姆到他们的公寓里准备晚餐。

为了保持清洁，我采取了不同的策略。起初，我和清洁工一起进去打扫，我们一起完成清洁任务。接下来的一周，我告诉父母，因为我有商务会议就不能过来，让清洁工独自完成工作。渐渐地，他们习惯了她的定期拜访。随着时间的推移，他们的自理能力下降，我延长了护理的时间和频率。新冠疫情期间，社区隔离，这对我父母的打击严重。出于安全考虑，我不得不减少护理人员的数量和时间，导致他们的隔离加剧，痴呆症也随之恶化。为了平衡这一点，我安排了我的两个大女儿每天轮流陪伴我父母两个小时，这增加了他们与外界的互动，同时也加深了祖孙之间的亲情。

2020年初，我们一家每周都会全家聚在一起，但父母依然很难记住我女儿们的名字。然而，到了那个夏天，他们逐渐喜欢上我女儿们的陪伴，并能记住她们的名字了。他们时常打电话交流，虽然我只能听到女儿们的对话那一边，但他们的电话交谈听起来很有趣。

"姥姥，您知道我几岁了吗？"

"差不多，我不是十二岁，我二十岁了。"

"姥爷，您知道我妈妈叫什么名字吗？"

"不，我妈妈的名字不叫敏，是Lucy。"

"姥姥，您多大岁数了？"

"差不多对了，您不是六十岁，您八十二岁了。"

有一天，我的大女儿分享了一次与姥姥的谈话："姥姥非常兴奋，开始谈论唐山地震以及我们是如何逃生的……"

她突然意识到，姥姥说的是我，而不是她，因为那是1976年的事。这让我哭笑不得，我慨叹母亲已经分不清时间、地点和人物了。我开始担心，妈妈以后还会记得我吗？这让我想起了埃里克·克莱普顿的歌曲《天堂的泪水》。他的四岁儿子突然去世使他陷入深深的痛苦，那时他写下了这首歌，他询问在天堂儿子是否认得出自己。2020年，我也陷入了这样的思考，不知道有一天我的父母是否会记得我，无论是在天堂还是在人间。

父亲最后的日子

不幸的是，除了阿尔茨海默症，父亲在七十多岁时还被诊断出患有帕金森病。多年来，我亲眼目睹了他从依赖拐杖到使用助行器，最终不得不坐上轮椅的过程。父亲的帕金森病在他八十岁生日后迅速恶化。这种神经系统疾病没有已知的原因或治愈方法。然而，我父母猜测父亲年轻时的汞中毒可能是病因。随着时间的推移，父亲变得越来越不活跃，行动迟缓，话也越来越少。曾有一段时间，我无法接受他们变成不能独立的小孩子这个现实。

最令人心碎的时刻，就是看到父亲颤抖着依靠助行器，双肩倾斜着，小心翼翼地迈出每一步。他变得如此脆弱，甚至轻轻一阵风都可能把他吹倒。然而，在他生命的最后几年里，他顽强地与病魔抗争，直到生命的最后一刻。疾病的痛苦让这位曾经的运动健将和杰出的演说家丧失了行动和语言的能力，但这些都没有打垮他的意志。他始终带着喜乐面对一切，重新定义了坚强与韧性。

父亲度过了丰盛的一生。在2021年末，父亲的健康急剧恶化，2022年初他去世前已经陷入昏迷。然而，我依然在他床边轻声告诉他我女儿们的好消息："主耶稣的恩典让宝宝和贝贝今天受洗了！感谢您一直以来的祷告！"我相信他能听到这个喜讯。我心情起伏，虽然我头脑简单、不谙世事，但我知道在父亲眼里，我始终是那颗纯洁美丽的珍珠，被他呵护在掌心。我难舍难分，意难平。

回想父亲的一生，至临终时他都是一个幸运的人，身边有家人和朋友的爱环绕着他。正如我大女儿在他葬礼上致悼词时所说："我从姥爷那里学到，不要执着于生命的终点。与其纠结于无法治愈的疾病，不如庆祝与亲人一起面对困境。他曾多次战胜死亡——无论是战争、革命，还是疾病——这难道不更能证明他是多么幸运吗？幸运的是，他没有让逆境使他变得冷酷无情。他拼搏奋斗，为我母亲和我创造了美好的生活。他培养了我对艺术和钢琴的热爱。当我为他弹钢琴时，我是在实现他的梦想。"

母亲的痴呆症

"你父亲叫什么名字？"我听到母亲轻声问道。"我父亲的名字是'留住'，他姓李。"她自我回答道，她的声音带着一种遥远的重复感。她一遍又一遍地重复着这些对话。有时候一周一次，有时候一天之内反复好几次。起初，我会试着轻声纠正她："妈妈，我姥爷的名字不是'留住'。"她会笑笑，承认自己的错误。然而，没过几分钟，她又会重复她对父亲名字的理解。直到有一天，我突然意识到，"留住"就是要留住她的父亲。一阵悲伤涌上心头，我开始明白，也许从年轻时起，她心中就有一个未曾说出口的愿望，希望她的父亲能永远留在她身边，仿佛他从未离开过。

这些自言自语大约是在父亲去世的那一年开始的。过去十年里，她不知疲倦地照顾父亲，直到2022年父亲去世。然而，奇怪的是，母亲似乎在父亲离世后没几天就忘记了他。令人难以置信的是，她似乎完全抹去了这个爱她长达五十六年的人。她再也不提父亲的名字，那张订婚照里坐在她身旁的英俊男子，仿佛已经从她的记忆中消失了。

我每天都去看她，即便只是片刻，心中期盼她能记得我。

"真没想到见到你，我的女儿！好久不见！"每次我去看她时，妈妈总是微笑着对我说。

"看啊，饺子。今天是春节！太好了。"就像我小时候一样，她把自己的碗盘推到我面前，邀请我吃她精心准备的美味。我看着她孩童般的纯真，心中充满悲伤——在她眼中，每天都是春节。

她的日子大多是快乐的，护理员陪她散步、参加老年活动、去教堂。我每个星期六承担护理职责，不仅是为了给护理员放假休息，也是为了确保母亲不会忘记我。然而，2023年春节后，情况发生了变化。她开始进行负面的自我对话，幻想有人责骂或打她，并因为羞辱感而哭泣。起初，我们还能安慰她，说她是安全的，这些事情并没有发生。但渐渐地，想要打破她的幻想世界变得越来越困难。即使她在观看电视上的欢快歌舞时，内心也会不由自主地陷入那片悲伤的黑暗世界。她不断地喃喃自语那些可怕的想法，并流泪不止，这让我们非常心痛。我们尝试各种方法来分散她的注意力，让她摆脱这种情绪消耗和悲伤，但都无效。看着她沉浸在苦涩中，真的让人心碎。

我向她的医生寻求帮助，得知这确实是痴呆症过程中无法避免的阶段。我因此彻夜难眠，迫切地想找到方法将她从这个恶性循环中解救出来。我不放弃希望。然后有一天，我听到她的护理员在给她背诵儿歌，并鼓励母亲跟着一起唱。母亲微笑着，试图跟上。尽管她很难完整地背出整首歌，护理员依然耐心地引导着她。这给了我一个启发。

我开始教母亲我小时候学过的几首儿歌和小诗，这些也是几年前我教给我孩子们的歌谣。当母亲开始喃喃自语负面想法时，我会轻轻打断她，邀请她一起背诵儿歌。一天又一天，母亲开始有所好转。即使她脸上的泪痕未干，但她在背诵这些儿歌时露出了笑容。

每当她提到有人骂她或打她时，我找到了一种新方法来打断她的负面想法。我会迅速建议用表扬代替那些负面的词汇。例如，如果她说，"毛昨晚骂了我。"我会建议说："不如把'骂'换成'表扬'怎么样？"她会回答："毛昨晚表扬了我。"我会拍手称赞她："做得好，妈妈！"随着时间的推移，这个游戏变得熟悉起来，她开始使用积极的词汇比消极的更多了。她的情绪也从不开心变成了快乐。看到她重新露出笑容，真是让人松了一口气！

母亲的思维像个孩子一样发生了变化。我希望负面词汇最终会从她的幻想世界和词汇表中消失，毕竟她一生经历了如此多的艰难困苦。为什么不让她在最后的日子里度过一些快乐的时光呢？通过这段经历，我学会了如何对她充满爱心、耐心，并给予她更多的理解和同情。

新冠病和近期事件

在过去的三年里，我对父母的安全格外保护，尤其是在新冠病流行期间。随着 2023 年初疫情正式结束，周围的人恢复了旅行，再加上母亲接种了几轮疫苗，我以为我们终于可以不再担心感染新冠病毒了。2023 年夏天，我带妈妈去阿拉斯加邮轮旅行七天，希望换个环境能刺激她的大脑，然而，生活却让我们措手不及。

邮轮返家四天后，妈妈感染了新冠病，检测呈阳性。那是一个普通的周五下午——似乎紧急的事情总是在周末前或周末发生。我不得不为她预约在线医生开药方，再等待几小时后，终于拿到治疗新冠病的特效药 Paxlovid。当晚，妈妈服用了第一剂药。好在到了周日她的状况开始好转。然后，轮到我感到疲惫、不适、咳嗽，我也检测出新冠病阳性。尽管我自己发着高烧，我还是在整个周末继续照顾妈妈。好在到周一下午，我们母女俩都感觉好多了。

就在我以为风平浪静的时候，又突然发生了一件让我震惊的事情。那时，我正在厨房洗碗，听到妈妈一声尖叫，接着是客厅传来的一声巨响。我赶紧跑过去，发现她倒在地上，她一边哭一边喊："我的头好痛！"一边试图摸向后脑勺。我猜测，她摔倒时，头撞到了餐桌的边缘。

我安慰她："别怕，没事的，别担心。"同时，我用一只手按摩她的后脑勺，另一只手试图扶她起来。我那时很慌张，但努力保持冷静。突然，我注意到我摸她头的那只手上满是血迹，一看，血还顺着她的脖子往下流。那一瞬间，我的大脑一片空白，凭本能机械地抓起餐巾纸去擦血迹。但血流不止，浸透了一张又一张餐巾，刹那间恐慌涌上心头。"天啊！我该怎么办？"我被眼前的场景压得喘不过气，无法清晰地思考。我深吸一口气，停下来想，是否应该打 9-1-1。

但我立刻想起了父亲的经历。2021 年 12 月，父亲住进康复中心并被严格隔离，那时的情景浮现在我脑海里。我无法忍受让母亲经历同样的折磨。她患有痴呆症，如果被隔离在康复机构里，没有我们在身边，这对她来说将是致命一击。她只认识我、我哥哥和她的护理员，如果她被迫独自留在陌生环境中，她可能会崩溃，甚至会……我再次深吸一口气，决定不打 9-1-1，而是先看看状况再做决定。

我观察妈妈，发现她还能正常呼吸、说话，并且认得我，这些都是积极的迹象。我决定保持冷静，先按住她的伤口几分钟。鉴于她的痴呆症，我是母亲的代理人，包括所有医疗决定，这次是我做过的最艰难的决定，因为她的生命掌握在我的手中。幸运的是，她头上的出血最终停止了。我小心地剪掉她伤口周围的头发，发现伤口像一个小纽扣那么小，而且看起来已经干了。我不由得松了一口气！两天后，我欣慰地看到她从新冠和头部受伤中都已完全康复。妈妈完全忘记了那次事故，恢复了她以往的快乐和平静。

虽然新冠病已经过去了，但她的痴呆症仍在继续。我告诉自己，只要她开心，就不必为她的记忆丧失感到悲伤。对她来说，能够生活在她的小世界里，沉浸在自己的喜悦中是一种福气。她无法记住她的朋友和家人也没关系，只要她能感受到爱。我将继续照顾母亲，不是奢望帮助她康复，而是减缓她遗忘亲人的速度。

我会继续坚强、毫不动摇地走下去。

第二部分

建立韧性的七项原则

第五章

原则 一 — 滋养和治愈

坚韧意味着知道你是唯一有能力和责任让自己振作起来的人。
——玛丽·霍洛威（Mary Holloway）

我父母教给我的一个宝贵人生经验是：我要坚信，我是坚韧的人，我只要下定决心，就能克服任何困难。他们还教会我照顾自己，善待自己，以及培养内在力量，建立韧性。

1988年，离高考还有两个月时，我感到压力山大，但我知道自己必须鼓起勇气，努力学习，全力冲刺。中国的高考被认为是世界上最难的考试，因为其题目以难著称（例如，一些数学题的难度相当于英国大学数学水平）。可以说，这场考试决定了学生的命运——所上的大学、职业以及生活的其他方面（Ash 2016）。

"睡个午觉吧，休息一下你会恢复的。"妈妈摸着我的额头，确认我没有发烧。

"我不能睡觉，我没有时间，还有很多东西要学。"我拒绝了她的建议。

"健康第一，我的女儿。你压力太大了，放松一下，你会没事的。"她回答道，补充说："紧张会降低你的免疫力。放松自信能让你发挥自如。"

那年，我时断时续地病了五个月，喉咙痛、咳嗽和头痛。我能感觉到身体在发出疲惫的信号，催促我小睡一会儿来恢复精力和头脑。我当时没有意识到，我的疾病和我对自己的压力（分数、期望和未来）之间存在直接的联系。幸运的是，妈妈用她的智慧和温柔提醒了我自我关怀的重要性。这些午睡极大地帮助了我恢复健康。

高考结束后，压力逐渐减轻，我的健康也恢复了，并开始反思通过这次经历学到的一些教训。首先，我逐渐理解了慢性压力对健康的危害。其次，在备考的最后阶段，管理压力比学习本身更为关键，因为个人的身心健康应该是优先考虑的。第三，那些能够有效管理压力的人往往是最有韧性的人，因为他们在保持健康的同时表现得更好。

我发现，照顾好自己不仅能够激发内在的力量，还能让自己变得更加坚强、有韧性。

关于滋养与治愈的事实

我们天生的韧性

在《活出生命的意义》一书中，犹太集中营的幸存者、神经学家和心理学家维克托·弗兰克尔 (Viktor Frankl) 提到了人类非凡的能力。他描述了二战期间奥斯威辛集中营里难以想象的恶劣环境。虽然许多人丧生，但一些人表现出的坚韧令人感到惊讶。

他说，"我想提到一些令人惊讶的现象，看看我们能承受多少苦难：我们无法刷牙，但即便如此，尽管严重缺乏维生素，我们的牙龈比以前更健康"（Frankl 1946）。他回忆说，他们穿着同样的衬衫半年，直到衣服变得面目全非，而且喝水也受到限制。然而，尽管环境恶劣、肮脏，他们的伤口却没有受到感染。此外，一位浅眠者甚至能在身旁战友大声打鼾的情况下入睡。作为一名训练有素的医生，他对人体的生存能力尤其感到惊讶。尽管书中没有提到"坚韧"这个词，但他告诉读者，生存依赖于韧性，而这种坚韧与心灵的培养和找到人生意义息息相关。对他而言，这个意义就是与家人团聚、出版自己的书籍并继续教学。

我并不是说我们的人体可以长时间承受恶劣条件。相反，我的观点是，我们天生具备承受力，具备从创伤、疾病或其他挑战中恢复的能力。不论医生为我们做了多少，帮助我们治愈的关键仍然是我们自己的免疫系统，它的自愈能力远超我们的想象。

更重要的是，我们需要相信自身内在的力量，能够使自己变得更强大。这种信念能保护我们在面对挑战时，不至于陷入受害者的心态。

身心联系

根据哈佛大学教授、《内在治愈：身心医学史》一书的作者安妮·哈林顿（Anne Harrington）的观点，近年来，自然疗法的普及反映了人们对主流医学的失望（Harrington 2008）。希波克拉底的一句名言"我们体内的自然治愈力是康复的最大力量"，很好地概括了这一概念。同样，西奈山医院将身心医学定义为利用思想和情感对身体健康产生影响，同时强调负面情绪如何削弱治愈能力和健康。很少有人意识到情绪对整体健康和幸福的影响有多大 (Icahn School of Medicine at Mount Sinai 2023)。

与此相呼应，许多人也提到了安慰剂效应，强调思想的确可以治愈身体。在莉莎·兰金（Lissa Rankin）的TEDx演讲《思想能够治愈身体吗？》中，她指出，思想可以治愈身体。她引用了安慰剂效应和自发缓解项目中的案例（Rankin 2012）。安慰剂效应是指患者因对某种治疗的信念而产生的改善效果，尽管该药物或治疗实际上是无效的（Wahbeh 2023）。

兰金分享了1957年赖特先生与晚期淋巴肉瘤斗争的故事。当时，他的身体多处长有橙子大小的肿瘤，他恳求医生威斯特给他使用克雷比奥申（Krebiozen）这种神奇的药物。三天后，他的肿瘤缩小了一半，十天后肿瘤完全消失。赖特享受了两个月的健康与快乐，而这一切都源于他对药物的信任。然而，当他得知该药物的效果并不像医生们声称的那样时，抑郁情绪随之而来。威斯特医生随后声称初次使用的药物不纯，接着给赖特注射了蒸馏水。肿瘤再次消失，他又健康了两个月。然而，当他听到美国医学会否定了克雷比奥申的功效后，他的绝望再次袭来，赖特在两天后去世。这一故事充分展示了思想对身体治愈过程的巨大影响。

同样，兰金观察到，确实有科学证据表明思想可以帮助身体自愈，并且通过生理测量结果进一步验证了这一点。在此，她提到哈佛研究员泰德·卡普丘克博士（Dr. Ted Kaptchuk）确认了医生在护理质量中的重要作用，并指出实际上医生本身就是安慰剂。即便医生告知患者他们使用的药物是无效的安慰剂，患者仍然有所好转，因为他们感受到了医生的关怀和照顾。

换句话说，思想对我们的身体有着巨大的影响力。因此，理解身心连接可以帮助我们培养内在的精神力量，从而增强我们克服逆境和保持整体健康的能力。

治愈的奇迹

现在，让我们来看看戴维·赖利博士（Dr. David Reilly）的强大见证。

赖利曾是顾问医生，目前担任苏格兰格拉斯哥TheWEL项目和治愈转变探索项目的主任。他的工作基于一个核心观察——生命（Life）具有一种内在的力量，一种追求治愈和完整的驱动力，而生命对关怀会产生积极的反应。在这里，他使用大写的"L"来区分我们内在的生命力与我们不断变化的生活境况。基于三十年的研究和临床结果，他的工作集中在激发可持续的自我护理上，而这能进一步挖掘我们内在的治愈、健康和幸福的力量。

在他的TEDx演讲《解锁人类治愈能力：将痛苦转化为幸福》中，赖利探讨了如何利用我们内在的力量应对人生的挑战（Reilly 2017）。

1984年，一位名叫安德里亚的十九岁女孩向赖利医生求助，因为自七岁起她的膀胱就停止了正常功能。在考虑接受膀胱切除手术后，她约好了手术日期，求助赖利医生成为她最后的治疗选择。赖利在第一次会诊中认真聆听了她的故事。那天晚上，安德里亚做了一个关于童年记忆的梦。她告诉赖利，梦里她回忆起一个七岁时的场景：一个男人曾从街道上透过窗户窥视她的卫生间。她认为这可能是导致膀胱功能失调的原因，并希望这个发现能治愈她。但是，事实并没有那么简单。几个月后，安德里亚的状况没有进展，她再次找到了赖利。他建议进行催眠治疗，但安德里亚拒绝了。赖利一时陷入了困境，担心自己可能帮不了她。但他并没有放弃，便询问她是否会做白日梦。当她回答"是的，总是做白日梦"时，赖利邀请她与他一起进入白日梦的世界。他给了她足够的空间来回顾过去的创伤，并舒适地表达她的情感，然后温和地提供了不同的视角来审视这个事件。会诊后的最初，她的症状恶化，长达十二小时无法排尿。然而，之后发生了不可思议的事情——她似乎完全康复了，排尿恢复正常，直到2017年赖利TEDx演讲时都正常。通过这次治疗，安德里亚的心灵转变了对过去的看法，而这种深刻的内在变化恢复了她身体的正常功能。

赖利的TEDx演讲让我深感兴趣，因为他的观点、理论和故事非常引人入胜。我有幸联系到赖利医生并采访了他，以深入探讨他的研究和证据。赖利分享了他在慢性痛苦、疾病和幸福感丧失等领域的研究和发现。

我问赖利医生，当我们面临挑战时，如何更好地保养自己。他用植物的比喻来形容生命。他回答说："当你看到一株植物因为缺水而挣扎时——你会有什么感觉？会有一种行动的冲动——我们想要给它浇水。当我们的慈悲心向生命敞开时，就像母亲对孩子的关怀或主人对宠物的关心一样，这种情感会解锁，我称之为'滋养反应'。我们有'战斗或逃跑'的应激反应，但我们也有'滋养反应'。当这种滋养反应被激发时，改变就变得势不可挡。"

面对生活中的挑战时，我们必须像园丁照料娇嫩的植物一样照顾自己。这不仅仅是咬牙坚持的问题，更重要的是相信自己，学会关爱和滋养身心，培养自信和自我关怀。这才是增强我们的韧性的基础。

滋养身体和心灵

兰金博士和赖利博士都证实，人类具有通过滋养和治疗来恢复身体功能的内在能力。这种强大的能力能够帮助我们克服生活中的身心挑战。

还记得我父亲用他特别的营养配方——番茄猪骨汤——来战胜结核病的故事吗？在那个资源匮乏的年代，他的这道汤无疑是他所能制作的最有营养的食物。这道汤像是给他带来治愈效果的"安慰剂"，帮助他痊愈了本被广泛认为无法治愈的结核病。在短短三个月内，他完全痊愈，连医生都为如此快速的康复感到惊讶。除了专注于用营养滋养身体外，促成这一奇迹的另一个关键因素是他对自己身体自我修复能力的坚定信念。他始终坚信身体有能力战胜疾病，在困境中，这种积极的心态帮助他抗击病魔，强化身心之间的紧密联系。

我的母亲同样坚韧不拔。她在战争时期变成孤儿，因营养不良而身材瘦小。但这些困难并没有动摇她对自己力量的坚定信念。多年来，她学会了好好照顾自己，并培养了积极乐观的生活态度。她常常唱歌自娱，独自与花草对话，坚信自己的韧性。在她心中，她始终相信父母希望她过上长寿健康的生活。她告诉自己："没有什么能打倒我的。父母为我牺牲了生命，我一定要好好活下去。"这些积极的习惯和信念成了她的生命线，引领她度过了那些孤独的夜晚和病痛的日子。

除了她个人的努力，母亲的生命力也在他人的关怀下得到了滋养，尤其是她的大姑。她多次提到，大姑在她儿时重病中救了她的命。当听到母亲生病的消息时，大姑赶来看望她，并留下几天照顾她。在大姑的照顾下，母亲的病情好转，饮食恢复。但当大姑回家后，母亲的病情又复发了。她非常希望大姑能回来照顾她。第二周，大姑果真来到母亲身边，她的病情又一次好转。这种情况持续了两个月，最终大姑决定多留一段时间，直到母亲完全康复。大姑的关爱成为神奇的力量。大姑告诉她，她很坚强，最终一定能战胜疾病。那时没有任何药物，但大姑的爱和关怀让母亲的身体、心灵和精神得到了滋养，使她痊愈。

虽然我和母亲性格不同，但我们有许多共同的经历。像母亲一样，我也有幸在童年时受到亲人的关爱——我的舅姥姥无微不至地照顾我。有一天，我折断甘蔗时夹伤了手指，鲜血直流。我跑回家找舅姥姥帮忙。当时家里没有绷带、消毒药膏或其他药品。舅姥姥从木门的门闩上收集了一些灰尘，敷在我的手指上。这止住了出血，几天后我的手指痊愈了。六岁的我以为灰尘有魔力，所以称之为"神奇药粉"。后来，我当然明白了灰尘并没有治愈的力量。真正治愈我的，是舅姥姥的关怀，这增强了我对自愈能力的信心。

多年后，我学会了像母亲一样的决心。11岁时，我不小心摔断了左臂骨头，医生给我安上石膏。拆下石膏后，左臂僵硬得无法移动，我下决心，一定要让左臂恢复原状。医生建议我每天花30分钟锻炼手臂，逐步恢复活动范围。起初，剧烈的疼痛让我泪流满面，第一天结束时，我感到非常失望，因为没有看到任何进展。每次尝试伸展手臂时，疼痛难忍，我不得不每五分钟休息两分钟。尽管如此，我坚持不懈，重复练习，直到精疲力竭。

接下来的几天同样令人失望，但我没有放弃。终于，一周后，我的手臂可以微微伸展了一点点。虽然变化微不足道，但我能感觉到进展。这给了我极大的鼓励。慢慢地，第二周和第三周，我的手臂恢复了更多的活动范围。我每天都坚持30分钟的锻炼，有时甚至多练五到十分钟以加快进度。一个多月后，我的手臂终于完全恢复了原来的灵活性。母亲为我感到骄傲，医生也称赞我坚强能干。

在恢复手臂的过程中，我学到了两条宝贵的经验。首先，我坚信通过持续的努力可以让我的手臂恢复到原来的状态。正是这种信念激励着我，保持信心。其次，我成功的决心让我不断前进，从未放弃。面对生活中的困难时，我们必须培养积极的心态。

后来，在2007年，已为人母的我面临了另一个巨大的挑战：在经历了两次剖腹产后，我希望在分娩第三个孩子时可以选择自然分娩。然而，医生团队不建议这个选择，因为统计数据表明，对于我这种经历了两次剖腹产的产妇，第三次生产时自然分娩造成子宫破裂的风险为1.36%。一旦发生子宫破裂，孕妇必须在10到35分钟内接受紧急医疗干预（就是紧急剖腹产手术），否则对母婴都会构成生命的危险。

尽管有这些风险和建议，我对自己身体能力的信念依然坚定不移。为了做出明智的选择，我深入研究各种信息，并阅读许多自然分娩的故事和书籍，增强了我坚持这个选择的信心。回顾历史，女人们自古以来可以在没有医疗干预的情况下生下孩子，我坚信我也能做到。怀着对身体的坚定信任，我做出最后决定，就是自然分娩。但是，我并没有无所作为。医学数据显示我面临的风险很大，所以我进行了严格的准备，包括小心平衡每日的锻炼、饮食和休息，保持身心的良好状态。

为了降低子宫破裂的风险，我决定不使用任何药物，包括催产素和止痛药。这一决定可以减少宫缩时的压力和强度。为了应对可能出现的并发症，医疗团队安排我转移到一个设备齐全的医院，那里有更好的手术条件。医生建议采取预防措施，就是在我的脊椎上放置一根麻醉针管，以便在紧急情况下可以立即进行麻醉，确保手术能够迅速实施。万事俱备，我满怀期待地迎接那不可预知的分娩之日。

频繁的阵痛终于来临，一波波袭来，我经历了数小时的不适和疼痛。医务人员紧密监测着婴儿的心跳，以防发生危险。看到我经历痛苦，他们多次提出可以立即为我进行硬膜外麻醉减轻疼痛，但我依然坚持自己的决定。在痛苦最为剧烈的时刻，我曾短暂地想要放弃，选择使用药物，但我依靠祈祷和拉玛泽呼吸法，将精力集中在每一次呼吸和用力上，并坚定地相信自己的身体可以承受巨大的压力和痛苦。

经过漫长的十五小时疼痛分娩，其中包括三个小时的持续用力，我终于在没有任何药物的情况下迎来了我的女儿。她甜美的气息弥漫在房间里，我的眼中充满泪水，心中充盈着释然、喜悦与自豪。这段经历完美展现了心灵决心与身体能力之间的深刻联系。通过滋养两者，我内心的强大力量帮助我战胜了重重困难。回想起来，这次经历不仅验证了兰金博士的研究观点，也与赖利医生关于通过身心协调解锁人类潜能的理念不谋而合。

关怀我的心灵

关怀不仅仅局限于我们的身体，还延伸至心灵。我从小就明白这个道理，这要归功于我的父亲。他从不对我生气，他的温暖话语让我懂得关怀与鼓励的重要性。父亲总是夸奖我："我的女儿是最棒的！" 我知道，无论遇到什么事，都可以向他倾诉，而不必担心责备。每当妈妈生气时，我总是哭喊："爸爸，您在哪儿？" 希望他能突然出现，拯救我于水火之中。

在传统的中国家庭教育中，父母通常会对孩子严格要求，主张以严厉的方式表达爱。我们的文化相信"爱之深，责之切"。但我的父亲却不认同这种做法。他允许我自由表达自己的想法和情感，甚至允许我顶嘴，而从不因为我的不敬而感到冒犯。他总是重复那句话："你是最棒的！"这样的做法即便在今天也很少见，更不用说在过去了。

直到我自己成为母亲，面对性格强烈的孩子在青春期时的挑战，我才开始思考父亲当年的行为。我总是在孩子们和我顶嘴、不听指令或挑战我的权威时感到愤怒。有很多次，我感到不知所措，向父亲抱怨，而他总是冷静地回答："爱是恒久忍耐，又有恩慈。"就像对我当年一样，他从未对我的孩子们发火或感到失望。也有很多次，我担心自己惩罚孩子得太重，但父亲依然安慰我说："你是最棒的妈妈！"我始终不理解他，为什么他总是如此善待我？

直到我观看了布瑞妮·布朗（Brené Brown）的 TEDx 演讲"脆弱的力量"（Brown 2010）后，我才找到答案。她的研究表明，羞耻和内疚感源于一个人认为自己有缺陷，因此不值得被爱、没有归属感。让他人感到被接纳的关键在于让他们感觉到自己不被评判，并相信他们足够好。虽然这看似简单，却蕴含深刻意义，它能帮助我们与他人建立更深的联系。这让我豁然开朗，当一个人能够坚定地说"我足够好"时，这会极大地增强他们的自信心和内驱力。

这是我父亲关怀我的方式，帮助我建立自信。每当他说"你是最棒的"时，我知道他的意思是，我在现有的情况下尽了最大的努力。所以，今天的我成为了最好的露茜。他从来没有说过："你是完美的。" 他相信我每天都在努力提高自己。这是我们任何人所能做到的。而最重要的是，他让我觉得自己足够好——我足够坚强、足够聪明、足够漂亮、足够关爱、足够聪慧、足够成功。我就是"足够好"！

这也是为什么父亲成为我在为人父母方面的榜样。他给我最重要的育儿建议是：让孩子们知道他们值得被爱，并且他们足够好。这些话无论说多少次都不为过。回顾过去，父亲给我灌输的那种自信让我度过了许多考验，包括生病、孤独、失败，直到他离开这个世界。虽然我在人生路上无数次跌倒，但我总能凭借乐观的力量重新站起来，这也是父亲教给我的信念，我将永远感激这一点。他的关怀不仅限于身体层面，还延伸到我的灵魂。就像赖利医生关怀病人的身心健康一样，父亲用他的关怀治愈我的心灵，增强我的信念，让我能够战胜生活的风雨。正如赖利医生细心照顾患者，使他们获得身体上的恢复，我的父亲通过关怀我的灵魂，激发了我内在的潜能和韧性。

指南

我们需要做的是培养自我关怀，并保持积极的心态。同时，对于身边的人，我们应理解他们的需求，并为他们提供一个促进成长的支持体系。

首先：练习冥想和正念

当我们面对生活的挑战时，压力荷尔蒙会急剧增加。这是因为，在进化过程中，人类学会面对危险时采取三种应对措施：战斗、逃跑或僵住。压力荷尔蒙使我们的身体处于高度反应状态，帮助我们从危及生命的危机中脱身，所以短期的压力帮助我们生存。但长期的压力会对我们的身心造成巨大伤害，会影响精神和身体的健康。没有健康，我们无法过上成功的生活，无法实现人生目标。这就是为什么建立韧性的第一条原则--滋养与治愈，如此重要。

冥想可以帮助我们滋养并疗愈身心。据梅奥诊所称，"冥想可以让你感到内心平静、平和与平衡，这对情绪健康和整体健康都有益。通过将注意力重新集中在平静的事物上，你可以借此放松并应对压力。冥想可以帮助你学会保持内心的冷静与平安。"（Mayo Clinic Staff 2022）。

根据Neurotrition的研究，"每日正念冥想练习已被证明能在大脑的灰质中产生可测量的变化，而这些区域与记忆、自我意识、同理心和压力相关。研究甚至记录了大脑灰质可以随时间而变化。"灰质占大脑物质的40%，灰质中的结构负责处理与情绪、记忆、语言以及肌肉控制等相关的信号。练习冥想可以滋养大脑并提高大脑的整体功能（Mckinty 2023）。

对于那些处于高度压力的人来说，冥想是一种最好的自我关怀练习。当我在冥想时，把意念放在腹部或心脏的位置，我就感受到平静、喜悦、爱与心灵的宽阔。这种积极的感受帮助我增强自信，并使我内心充满希望。即使你目前生活中没有面临压力，正念练习也能带给你专注、清晰和平和的心态。

每天练习冥想，即使只花十分钟，也能使我们的身体、精神与灵魂受益。这是一种简单的练习，可以在家里、办公室或任何安全的地方进行。我的日常惯例是早晨醒来后进行15分钟的引导冥想，这能为我一天的高效工作提供良好的开始。

其次：建立健康的日常生活习惯

建立韧性需要时间与耐心。如果我们能在日常生活中逐步培养一些小习惯，就可以有效地实现自我关怀，明确目标，并增强我们的韧性。健康的习惯帮助我们实现所有七项原则。以下小步骤可以产生深远的影响。

1. 睡眠

天然医学博士David Jockers提醒我们，"睡眠对我们身体的每个功能至关重要。睡眠是我们身体修复的时候，也是我们大脑排毒的关键时段。"朋友们常常问我如何保持精力充沛、年轻有活力，我的秘诀很简单：每天八小时高质量的睡眠。我经常反复强调，良好的睡眠是保持健康与活力的基础。

我们的大脑将睡眠作为燃料，就像食物和水之于身体。在睡眠过程中，大脑会建立并加强神经连接，这些连接是我们记忆的基础。然而，当生活变得忙碌时，首先被牺牲的往往就是睡眠。如今，睡眠不足已经成为全球性问题。

睡眠滋养我们的身心，它是帮助我们恢复和增强免疫功能的最佳方式。当我们面对生活中的挑战时，压力水平往往会增加，而压力会影响我们的睡眠质量。相信大家都曾有过因压力难以入睡的经历。充足的睡眠能够显著降低皮质醇水平，并帮助身体系统恢复平衡。

每当我一天结束时感觉到压力较大，我会在睡前进行冥想。冥想能帮助我更快入睡。使用"四七八呼吸法"也能有效缓解压力。所谓"四七八呼吸法"，指的是吸气四秒，屏息七秒，呼气八秒。还有一种方法叫做"盒式呼吸法"，也称为"四方呼吸法"，步骤是：呼气数四秒，屏息四秒，再吸气四秒，然后再屏息四秒，再次呼气后循环此过程。

为了保证每天八小时的睡眠，我会早睡。我的作息时间通常是晚上十点入睡，最晚不超过十一点。此外，我还保持中国人日常小憩的习惯——每天午睡十五分钟。对于办公室工作且白天没有条件午休的人来说，周末小憩是理想的选择。

2. 清晨

"一年之计在于春，一天之计在于晨。" 我的早晨通常以三十分钟的伸展运动、阅读、冥想和自我肯定开始。早上的伸展运动可以激活血液循环，有利于健康。阅读，即使是五分钟，也能激发创造力和想象力。冥想使我的头脑保持平静、集中和满足。自我肯定增强我的信心和自尊。

此外，我会花五分钟查看日历和计划清单，明确当天的任务。我通常会在早晨完成最重要的事务，因为早晨是我精力最充沛的时段。经过一夜的高质量睡眠，我的体力得到充分恢复，压力也处于最低水平，因此能够在清晨高效完成重要工作。

3. 自我肯定

我们的思想对身体影响极大。积极的思维呵护我们的身体。每日进行自我肯定的背诵可以帮助我们减轻压力，同时也修复内心的创伤。我早上的自我肯定包括以下简单的句子：

"我爱自己。"

"我的生活由我掌控。"

"我充满感激。"

另一组自我肯定对于建立自信很有用：

"我了不起。"

"我有才华。"

"我漂亮。"

"我有信心。"

"我成功。"

"我幸运。"

这些自我肯定将我的思想从消极想法转变为积极想法。积极的想法让我有积极的心态去面对任何困难的情况并找到解决问题的办法。

4. 倾听我们内心的想法和声音

相信你能做到，并且你将实现它，这是通向成功的起点。倾听自己内心的想法和声音，哪怕只是五分钟的时间，也能滋养我们的心灵和精神。我们的信念源自内心世界；我们都生活在自己的虚拟世界里——因此，我们要成为自己思想和情感的守护者。我们可以问自己：这个想法是积极的、令人愉悦的，还是负面的、伤害性的？积极的思想和情感包含喜悦、平静、满足、爱、感恩等，而负面情绪包括愤怒、挫折、孤独和恐惧等。如果我们察觉到有负面情绪浮现，就要问自己是什么引发了这些情绪，然后接受它并让它随之消散。

我从人类潜力学院 (https:// humanpotialacademy.io/) 学到的以下实践对管理情绪非常有用：

1. 承认自己的情绪，例如：我生气了。
2. 放松你的眼睛、嘴唇和舌头，慢慢吸气和呼气，将注意力集中在腹部，持续一分钟。
3. 对自己说：我感到生气。
4. 再对自己说：我意识到自己感到生气。
5. 最后，再对自己说：我意识到了，我意识到了。
6. 然后睁开眼睛。在这个名为"把关"（"Gateway"）的练习过程中，你会发现情绪逐渐消散。你的身体就像一个通道，情绪会通过你的身体流动并最终消失。

5. 给自己留出"空白时间"

每天至少给自己留出15到20分钟的闲暇时间。身体和心灵都需要闲暇和独处的时间，这有助于我们放松和休息。在那些日程繁忙的日子里，我会在日历上为自己安排半小时的"空白时间"，什么都不做。

6. 锻炼

我父亲曾是大学篮球队的重要成员，他热爱各种体育运动——足球、篮球、乒乓球和游泳。他对运动的热情极具感染力，并且教导我，定期锻炼是自我关怀的基本方式。他相信保持活跃不仅能让身体健康，还能培养坚强和坚定的意志力。"年轻人应该多运动，多流汗，"他常说，"这样既能强身健体，又能增强你克服困难的意志。"虽然母亲不像父亲那样热衷运动，但她也时常提醒我们做运动的重要性。

我们必须保持身体活跃，这不仅有助于提升体质，也能增强心理和情感的韧性。

第三：以中医理论为基础进行自我保健

1. 热敷

多年来，父亲教会我如何用温热的毛巾裹住身体的某些部位来加速康复。我从他那里学会了这个方法。他用热敷来治疗背痛、肌肉酸痛、痤疮、疖子、脓肿以及身体上的各种不适。在我们家，我们称这种方法为"热敷"。我们甚至戏称父亲为"热敷专家"。我无数次使用过这个方法，并教会了我的孩子们，它已经成为我们家族的"秘密疗愈方法"。

2. 梨汁

我们有一个中文词"上火"，意思是体内有过多的热量或"着火"了，这是中医的一个概念。上火的人容易喉咙痛、牙疼、长痘、发炎、口腔溃疡等。这意味着体内的阴阳失衡。缓解上火的简单方法之一就是吃清凉的水果，比如梨。

每当我喉咙痛或有上火症状时，妈妈会把梨切成块，加水煮沸，然后催促我吃下。有时，她还会往沸水里加点蜂蜜。

3. 按摩足部和脊椎

我们都知道按摩可以促进血液循环、刺激肌肉并缓解压力。脚上有许多经络与我们的内脏器官相连，如脾、肝、胃、肾、膀胱和胆囊。中医认为足部健康对全身的经络平衡至关重要，因为身体的经络不是始于足部就是终于足部。中医还强调，适当的平衡有助于增强气和保持身体健康。因此，足部健康是全身健康的基础（太平洋健康与科学学院 2023）。

洛杉矶脊椎按摩医生达斯汀·马丁内斯 (Dustin Martinez) 表示，足部按摩可以通过多种方式改善生活质量，包括减轻压力并为身体、能量和心灵带来平衡。"足部按摩是古老的医学，它已经存在了很长时间，可以追溯到公元前2330年"（Quinn 2022）。

我从妈妈那里学会了在生病时给自己按摩脚。我的方法是先用温水泡脚五分钟，然后再按摩五分钟。每天这样做不仅能改善我的睡眠质量，还能帮助我缓解压力。多年前，它甚至治好了我的痛经。

另外，妈妈还会在我小的时候帮我按摩脊椎两侧的肌肉。虽然我不确定它对缓解病痛的效果有多大，但我确实很享受她温暖的双手轻抚我皮肤的时刻。

人类具备在恶劣环境中生存并从创伤中恢复的能力，无论是身体上的还是心理上的创伤。我们拥有足够的内在力量和资源去应对生活中的挑战，并能从逆境中重新崛起。自我关怀能够帮助我们激发潜能。我们要相信，自己天生具有坚韧不拔的能力，能够战胜任何困难，过上充实而富足的生活。与此同时，我们也要遵循身体的需求，养成健康的生活习惯，并为他人创造一个充满关爱的环境，帮助他们发挥自己的潜力。

第六章

原则二 — 目标、希望和梦想

未来属于那些相信自己梦想之美的人。
——埃莉诺·罗斯福

"如果他们嘲笑我怎么办？"当我到达女儿的高中棒球场时，为心有一个声音响起。那是2022年3月23日中午，我受邀参加学校的多元文化周集会，并代表亚裔家长联谊会发表演讲。学生代表在球场门口微笑着向我伸出手欢迎，"欢迎您，陈女士！"我感到有些紧张，因为超过一千名学生正在走进场地，准备参加集会。

我曾在几百人的观众面前发言，但那都是成年人，而这次是我第一次在一千多名青少年、老师和学校工作人员面前演讲。我深深吸了一口气，然后缓缓呼出。"没关系，我之前做过这样的演讲，我可以做到。青少年也是人，他们就是普通人。"我的自我鼓励平复了紧张的心情。我挺直了肩膀，微笑着向学生致意，昂首走向台上与其他发言嘉宾坐在一起。在演讲中，当我呼吁大家团结一致，停止针对亚裔的仇恨时，许多学生瞪大了眼睛，身体前倾，认真聆听我的话语。结束时，听到观众热烈的掌声，我将麦克风交给了下一位发言者，心中感到非常满足。

代表亚裔美国人的梦想终于成真。几年前，亚裔美国人权益运动引用了一句来自职业篮球运动员林书豪的鼓舞人心的话："我想成为亚裔美国人的代表和榜样"（Tabas 2023）。这句话深深打动了我，也变成我的梦想——扶持亚裔美国人和为我们亚裔发声。林书豪通过追逐自己的梦想，成为亚裔美国人的榜样。他不仅在篮球领域取得优异成绩，还利用自己的平台打击体育界的种族刻板印象和偏见。林书豪的故事展现了他的非凡韧性和不屈不挠的决心。

多年来，我逐渐意识到，在困难时期，怀有梦想、希望和目标是培养韧性的关键。

关于目标、希望和梦想

马丁·路德·金博士的《我有一个梦想》堪称关于"梦想"的最著名演说。1963年8月28日，金博士发表了这一演讲，呼吁争取公民和经济权利，并终结种族主义。演讲不仅反映了金博士的理想，也代表了成千上万黑人、有色人种以及白人美国人的心声。他在巨大的挑战和反对声中发表了这一演讲。尽管面对暴力和不公，他仍然鼓励人们在逆境中坚持，不要失去希望。他的演讲呼吁采取行动，打破种族壁垒，实现他心中种族平等的愿景，追求更美好的未来。

我们的梦想或许不像金博士的那般深远，但它们在我们生活中依然具有重要的意义。人类生而具有内在的价值，我们不断探索和验证自己的人生价值。为此，我们会对未来怀有希望并制定生活目标。这种希望点燃了我们探索未知、建立有意义关系、学习新技能的动力。更重要的是，它成为推动我们克服生活中各种障碍的催化剂。《心理学今日》发表的文章《希望的本质及其在创新中的意义》强调，希望是人类与生俱来的一部分，深深植根于我们的基因中，它在将梦想变为现实的过程中扮演着关键角色 (Ma 2014)。

希望和梦想让我们能够想象更光明的未来，并勾勒出更美好的生活。墨尔本大学的沃特斯博士（The Strength Switch一书的作者）表示，希望将我们拉向未来，从而帮助我们更好地应对当前的困境（Elkins 2023）。沃特斯建议利用希望来应对不确定性或困境，因为最新研究表明，希望能够"减少焦虑、增强动力，并帮助我们采取以目标为导向的行动，从而最大程度地促进心理适应。"

积极心理学家查尔斯·理查德·"里克"·斯奈德（1944-2006）指出，相比缺乏希望的人，心中怀有希望者更能出成就，身体和心理也更健康。他撰写了六本关于希望理论的书籍，并发表了262

篇文章，探讨希望对健康、工作、教育和个人意义等方面的影响。希望理论提出，希望思维主要由三大要素组成：

1. 目标：以目标为导向的方式对待生活。
2. 路径：找到实现目标的多种方法。
3. 动力：相信自己能够促成改变并实现这些目标。

斯奈德认为，充满希望的人能够设定明确的目标，想象实现这些目标的多种可行途径，并在遇到障碍时坚持不懈（Mind Tools Content Team 2023）。

缺乏对未来的希望会让我们感到沮丧，甚至陷入绝望。人们可能因此在精神和身体上遭受痛苦，因为事情看起来比实际情况更加暗淡。过多的负面想法会引发抑郁和焦虑。更糟糕的是，有些人可能会因此感到沮丧，甚至放弃生活。与此同时，由于我们的身心结合无比紧密，这种绝望感可能会导致健康问题。根据国家医学图书馆的资料，"有确凿的证据表明，压力和抑郁会对人体健康产生显著影响，其影响是破坏免疫系统的正常功能，并诱发持续的低度慢性炎症，增加感染、代谢疾病甚至癌症发生的风险。"（Cañas-González et al.，2020）。

《活出生命的意义》一书的作者维克多·弗兰克尔是精神病学家，书中提到一位失去对未来希望的囚犯，这位囚犯曾是著名的作曲家和剧作家，和弗兰克尔关在同一个二战集中营（Frankl 1984

）。有一天，这位囚犯告诉弗兰克尔，他做了一个奇怪的梦，梦见集中营会在1945年3月31日获得解放，他们的苦难也将随之结束。那次对话发生在1945年2月，距离预言中的解放日仅有一个多月的时间。当时，这名囚犯充满了乐观，并把所有的希望都寄托在那个日子上。但随着约定的日子临近，战争却丝毫没有结束的迹象，这让他陷入绝望。1945年3月29日，他突然病倒，发起高烧。到了3月31日，他在预言的日子那天去世了。表面上看，他死于斑疹伤寒，但弗兰克尔知道，这名囚犯是因为失去了希望而去世的。

在《维克多·弗兰克尔的希望启示》一文中，史蒂夫·巴克伦德指出，弗兰克尔在被释放后帮助了数百万人重拾希望，而他疗法的核心是一个真理：人类的动力源于他们对未来的看法。对未来抱有越积极的希望，当前的力量和目标感就越强（Backlund 2023）。弗兰克尔在纳粹集中营中忍受住极端的苦难，因为他希望能再次见到家人并完成他的书。

巴克伦德坚持认为，希望是一种信念，它让我们相信自己有能力让未来比现在更好。"当我们缺乏对未来的强烈愿景和目标时，我们就会活在过去，而不是面向未来。我们的思维会固定在过去（遗憾、昔日的美好时光、如果当时……等），因此，我们将陷入受害者心态，在当下失去活力。"

在我最喜欢的电影《肖申克的救赎》中，主角安迪因冤屈在监狱中度过十九年，在此期间承受巨大的身体和心理折磨。但他从未放弃希望，默默地一点一点凿开监狱的墙。当安迪和他的朋友瑞德在监狱中时，瑞德教安迪如何在这个腐败的环境中生存，但安迪始终拒绝放弃他过上有尊严的自由生活的希望。最终，安迪通过打通墙壁，进入污水隧道，成功逃脱出监狱，获得自由。在电影的结尾，安迪通过他的逃亡、鼓励和友谊，帮助瑞德重燃对未来的希望。

个人的经历

妈妈坚信自己能够在战争和艰难困苦中生存下来。她从小就是孤儿，但一直怀抱着能再见到父亲的梦想，这份盼望支撑她多年。后来，她才意识到再见到父亲已不可能，于是她想象，父母一定希望她健康长寿。她明白，她的存在不仅是为了实现父母的愿望，更是为了实现她自己成为坚强之人的愿望。

多年后，妈妈在瑞典的经历再次展示了梦想和希望在克服障碍中的巨大力量。尽管当时她已年届44岁，身处异国他乡，面对学习新语言的挑战，但在金属研究领域创新的梦想激励着她夜以继日地努力工作。她经常独自一人在实验室度过无数个夜晚，希望有所成就。她的努力和奉献最终得到回报，两年后，她在创新方面取得卓越的成就，并获得上级和同僚研究人员的认可。

爸爸是一位憧憬未来的人。在1978年至1985年期间，他独自在瑞典工作和生活，而我们其余几人则留在北京（妈妈在1982年才与他会合）。那段时间里，爸爸每个月都会给妈妈、哥哥和我各写一封信。在这些饱含深情的信中，爸爸不仅讲述他在异国他乡的生活点滴，还生动地描绘我们未来团聚时的美好瞬间。他邀请我们与他一起憧憬，设想我们将要共享的那些美好时光，比如在公园划船、一起享用美味佳肴等等。

多年之后，尽管他的健康不佳，尤其是在去世前急剧恶化，但未来在他的梦想中依然总是充满光明。他憧憬着全家欢聚的场景，孙子孙女们在身边嬉戏玩耍，一家人一起享受美食；他渴望恢复体力，不再依赖助行器行走。他还梦想着与亲人一起去旅行，探索有趣的地方。这些希望成为他每天坚持散步、遵医嘱按时服药、定期体检的动力。

有句中国谚语说："车到山前必有路，船到桥头自然直"。多年来，我逐渐学会，无论当下的处境看起来多么压抑，未来终将会变得更加美好。我会全力以赴做好能掌控的事；对于无法掌控的事则提醒自己，未来一定会更光明，一切挑战终将解决。

像许多中国学生一样，我多年的目标是取得好成绩，考入一所名牌大学，让父母为我骄傲。在申请海外研究生院时，我的第一志愿是加拿大的英属哥伦比亚大学，但他们拒绝了我的申请。起初我很失望。正如人们常说的那样，"当上帝关上一扇门时，他会打开另一扇窗。" 最终，加州大学洛杉矶分校 (UCLA) 录取了我。当时我并没有意识到它是名校，直到1995年夏天，在我打工的中餐馆里，助理经理兴奋地向全体员工宣布："哇！Lucy要去UCLA上学了，这么好的学校，她真聪明！"当同事们纷纷祝贺我时，我不禁脸红。这个机会为我开启了一条全新的道路，彻底改变了我的人生。

在进入加州大学洛杉矶分校之前的那个夏天，我设立了新的目标——第一个目标是用一年时间完成我的硕士学位，第二个目标是严格控制我的开销。由于语言障碍，在那里学习并不容易，我花了相当长的时间才能跟上教授的讲课内容并理解作业要求。那时，互联网还不流行，我们仍然主要依赖书本学习。我当时真希望能录下课堂讲解和讨论。为了省钱，我没有买工具书，而是去图书馆借书学习，唯一花钱买的书是《土木工程手册》，100多美元一本。

我花了大量时间在图书馆学习，甚至周末也不例外。教科书无法外借，在图书馆借阅时间也限制在三个小时以内。每次我都尽量利用这三个小时记下书中的重点笔记，以便每天复习。为了在一年内完成学位，我每个季度选修四到五门课，课业繁重且难度很大。尽管我本科的专业是环境工程，但主要侧重于环境监测和化学，因此工程课程对我来说既陌生又充满挑战。然而，其中有一门让我尤为感兴趣的课程是水文学。虽然这门课难度很大，但我对水流径流和流域影响的研究深深着迷。在无数努力后，我终于在这门课上取得了A的成绩。

"不行，我得去图书馆学习，"当朋友们邀请我周六晚上去参加派对时，我拒绝道。

"拜托，才三个小时，我们晚上11点前就回来，"他们试图说服我。

"抱歉，我得为期末考试复习，下次吧，"我坚持拒绝。当然，朋友们在听到两次拒绝后再也没有邀请过我。我没有时间和别人社交，因为我把时间都花在学习上。每天，目标在我面前引领我，我必须保持专注，持续向前。只是偶尔，我也会出去放风，比如去圣莫尼卡海滩踩沙滩，看海浪，享受我最喜欢的活动。时光飞逝到1996年6月，我顺利毕业，拿到硕士学位，实现了一年完成学业的目标。我邀请父母来参加毕业典礼，他们自豪地向所有朋友讲述我的成就。

在追寻美国梦的过程中，我有两个主要目标：一个是事业攀升，另一个是家庭美满。

在获得硕士学位并进入职场后，我逐渐认识到提升沟通能力和领导力的重要性。这个思想转变促使我在2009年加入了演讲俱乐部（Toastmasters），通过不断的演练、学习和担任领导职务，几年来我在沟通能力和领导力两方面取得了显著进步。近年来，为了提升自己的教练技能，我参加多门课程学习，终于在2022年成为一名人类潜能认证教练（Human Potential Certified Coach）。

在建立美满家庭的过程中，我面临了巨大的挑战，美国与我成长的环境和文化截然不同。照顾年迈且体弱多病的父母，也更加复杂和艰难。尽管如此，我始终坚守自己的目标，不断学习，努力成为更好的母亲和女儿。

梦想和目标的演变

和许多移民一样，我最初的目标是适应新环境并找到一份满意的工作。获得第一份专业工作两年后，新的目标逐渐浮现——1998年，我和男友决定结婚。当时他正参与斯坦福大学的项目。我们两人同为来自中国的移民，尚未获得绿卡，由于他正在攻读博士学位，地理位置的限制让我们只能选择旧金山湾区作为婚后生活的地点。这是组建家庭的新梦想，我鼓起勇气，向公司提出从东海岸调往西海岸的请求。正如我在前文中提到，我的老板批准了我的申请，这让我深刻体会到勇敢提出请求的力量，也让我认识到，许多人都愿意热心回应，伸出援手。

还有一点，我逐渐明白，生活中并不是所有的梦想和目标都会实现。我们应该保持灵活性，不要沉迷于未能实现的旧梦，因为命运可能会引导我们走向意想不到的道路。此外，随着我们职业生涯和生活阶段的不同，梦想和目标也会自然而然地改变。

例如，在1998年，我决心考取专业工程师（PE）执照，此执照是工程行业的最高专业标证书。经过努力学习，我通过了严格考试的两个部分：五个半小时的初级工程师考试和十个小时的工程原理与实践考试。通过了这些艰难的挑战后，我准备申请执照。

然而，在搬到旧金山湾区后，我发现加州对土木工程师申请执照有额外的要求，就是我还需通过工程测量和抗震原理两门考试。虽然我投入大量时间准备，但最终还是未能通过，这让我陷入进退两难的境地。与此同时，我逐渐意识到自己对环境咨询工作的热情在消退，主要是因为工作中涉及的设计内容有限，反而大部分时间都耗在合规性和政策文件的处理上。这让我重新审视自己的职业规划：我是否还要继续追求环境工程方面的专业工程师执照？

1999年至2000年，我逐渐适应了旧金山湾区的生活，并被硅谷独特的科技氛围所吸引。电视和网络上不断涌现出各种发明和创业新闻。我的一些朋友也转行到软件工程、数据库管理或信息技术领域，这些领域因需求旺盛而备受青睐。在与几位朋友咨询后，我评估了自己的技能，最终大胆决定放弃环境工程的职业，转行进入保险行业的量化分析领域。这一决定基于我在数学、计算机和工程方面的优势，以及市场的需求。这次职业转型让我能够发现新的兴趣，并确立新的职业目标。

我学到的是，当既定目标无法实现时，不应因此苛责自己，因为我们总能找到新的方向或调整目标以适应变化。生活充满变数，我们的兴趣也可能随之转变，我们可以追寻令人振奋的新目标。多年来，我的梦想和目标也发生了巨大转变，从职业初期的追求高薪职位和事业晋升，逐渐转变为渴望对社区产生积极影响，尤其关注职场女性、亚裔、青少年发展以及移民群体的福祉。

我朋友的故事

我周围有许多杰出人士，他们坚韧不拔的精神多年来一直激励着我。我亲眼看到，梦想能激发出强大的力量，尤其是移民，梦想使得他们努力奋进，他们的成功令人慨叹。

我的朋友索菲亚来自维尔京群岛，成长于20世纪70至90年代。她家有八个兄弟姐妹，父亲是渔民，母亲是裁缝，一家人辛勤工作，勉强维持生计。母亲还曾在餐馆和自助洗衣店打工补贴家用，尽管如此，家里依然常常连一日三餐都难以保证。母亲经常自己饿肚子以确保孩子们有足够的食物。在艰苦环境中，索菲亚坚定了自己的梦想，就是考上大学，走求知之路。

成功考入美国大学后，索菲亚继续勤奋学习。同时，为了支付学费和维持生计，她还打各种零工，包括餐馆服务员、收银员，送报纸等等。尽管她竭尽全力，还是入不敷出。终于有一天，她到了无力承担下个月房租的境地。她不想让亲友知道，给他们带来负担，于是，做出了住在车里的艰难选择。接下来的三个月，她成了一名无家可归的大学生。她白天在学校体育馆洗澡，在图书馆学习。完成工作后，她晚上就在车里睡觉。三个月后，索菲亚的朋友发现了她的困境，立即热情邀请她同住，给她提供了临时住所，直到她找到自己能负担得起的房子才搬出去。朋友们的慷慨和支持让她得到了喘息的机会，她对此心存感激。这段经历不仅让她学会了在困难时寻求帮助，还让她明白，大多数人都是善良且乐于助人的。

索菲亚告诉我，她之所以在无家可归的情况下没有放弃学习，就是因为心中怀揣的大学梦。她下定决心想要接受良好的教育，在艰难的岁月中，是她的梦想让她保持高昂的斗志和积极的态度。

二十年后的今天，索菲亚已成为一名卓有成就的人力资源主管，她还是一名作者和 TEDx 演讲者。除了这些成就外，她最近还获得了领导力和管理学博士学位。尽管她的全职工作压力巨大，还要照顾两个孩子，但多年来的梦想一直是她的指路明灯，激励她不断前行，应对生活中的各种挑战。

让我们看看我的朋友史椰娜以及她的目标、希望和梦想。

史椰娜出生于斯里兰卡，是商对商（B2B）营销领域的高级管理者。她从小就非常执着和独立，曾对父母说，她有一天会搬到美国。最终，十八岁那年，她的梦想成真，前往俄亥俄州上大学。

由于大学主修政治学，她一度考虑在国会山工作。但在经历了一场痛苦的离婚后，她放弃国会山的求职计划，转而在煤炭行业的一家小型咨询公司担任营销职务。她从零开始，学习各种新知识，包括推出公司第一个网站、建立营销体系等。她的努力得到了回报，连续获得多次晋升。这段经历点燃了她对营销的热情，她也因此放弃了原本的政治抱负。

她的职业生涯涵盖电力、公用事业、石油、天然气等多个领域。在过去的二十年里，史椰娜始终保持对职业的热情和梦想，努力工作，为公司创造了巨大的价值。然而，和许多专业人士一样，她也经历了职业的起伏，八年内遭遇四次裁员。谈到她的应对方式和积极心态时，她说："我真的非常热爱我的事业，我觉得自己能为其他公司和团队贡献很多价值，只是他们还没有发现我的潜力。从职业角度来说，我对自己的能力充满信心，并且热切期待去迎接新的工作挑战。"正是这种希望和激情不断推动着她前行。

接着，让我们来谈谈我的朋友帕特和史蒂夫的故事，他们是我最钦佩的朋友之一。我是1999年在旧金山认识帕特的，当时我刚刚从布法罗搬到那里，她是我在环境咨询公司的一位同事。

帕特对残障群体的兴趣始于高中时期。她说："在高中时，我有机会在索诺玛州立医院工作。我们十个学生在那里住了两周，帮助残障患者。我们帮忙喂食，协助物理治疗，并给他们读书。其中一些患者有发育问题，比如唐氏综合症，有些是盲人或聋人。我与他们进行了深入的接触。"她继续说道："多年来，我对他们的关注越来越多。上大学时，我写了许多关于残障人士和相关机构，以及残障与媒体关系的文章。20世纪80年代，里根总统关闭了许多精神病院，但社区并未提供足够的护理服务。有些精神病患者无处可去，这也是流浪人口数量高的原因之一。他们需要精神护理和一个安全的住所。"

1988年，帕特遇到了她的丈夫史蒂夫。史蒂夫因为在20世纪70年代的一场车祸导致脊髓受伤，从那时起他不得不依靠轮椅行动。当时他只有20岁，但他已经深刻理解残障人士所面临的种种问题，并决定成为一名残障权利活动家。他参与了旧金山的504静坐抗议，这次抗议最终促成了《康复法》的通过，保护残障人士的权利。史蒂夫性格友善、幽默且充满活力，他始终保持积极的态度，并希望为他人做更多的事。帕特在研究生期间专攻残障历史，尤其关注媒体对残障人士的描绘。他们因为共同致力于帮助残障群体的梦想而走到了一起，并于1990年结婚。他们还创办了网站disabilityhistory.org，收集和提供有关残障历史和文化的资源和信息。

我敬佩帕特，不仅因为她友好热情，在我刚到旧金山工作时给予很多帮助，还因为她从中国收养了两名残障女孩。那时我在美国已经生活了五年，还在适应这个新国家的生活。1999年，当她提到要从中国收养一个女孩时，我立刻感到和她更加亲近了。她让我帮忙查看她和史蒂夫要收养的婴儿的文件。我惊讶地发现文件中明确写着这个婴儿有一只眼睛失明。我以为这是翻译错误，帕特没有注意到。然而，从照片上可以看出这个婴儿一只眼睛失明，我犹豫着是否该指出这一点。但我看到英文文件中确实清楚地记录了她失明的情况。文件中没有她亲生父母的任何信息，唯一提到的是她小时候发生了一场意外，导致一只眼睛失明。

帕特似乎明白我的顾虑，她告诉我，她和史蒂夫早已知情。他们特意向收养机构提出，希望收养一个有残障的孩子，实际上他们申请收养残障程度更严重的孩子。这让我感到既震惊又困惑。大多数人在收养孩子时，通常都会希望孩子是健康的，仔细核查文件中的每个细节，以确保未来的孩子没有健康问题，这是情理之中的事。然而，帕特解释说，她和丈夫长期活跃在残障权利社区，认识许多成功且快乐的残障成年人，因此他们觉得已经为抚养残障儿童做好了充分的准备。他们也深知，对于残障儿童来说，要找到一个愿意收养的家庭获得爱是多么不易。

1999年5月，在所有批准手续完成后，帕特飞往中国湖南省，收养了罗莎。当时罗莎一岁半，住在孤儿院里。帕特的一位朋友在她带罗莎回美国后，组织了一个欢迎派对。我和许多朋友及同事一起参加了派对。大家都为罗莎和帕特的家庭送上了真挚的祝福。看到这个小女孩像鸟儿一样到处跑来跑去，笑声不断，真是一个感人的场面。就像其他孩子一样，她终于有了爱她的父母。后来，帕特带她去看眼科医生，进行定期检查和咨询。最终，罗莎装上了假眼，她的另一只眼睛也逐渐适应，视力接近正常。

2004年，帕特和史蒂夫又收养了另一名女孩汉娜，她在法律上被认定为全盲。汉娜当时十二岁，和罗莎住在同一个孤儿院。我再次感到惊讶，尤其是我自己也有两个年幼的女儿，分别四岁和两岁。那时我全职工作，每天回家都已筋疲力尽，还要照顾孩子们，这让我疲惫不堪。我无法想象抚养两个残障儿童会有多么困难。抚养罗莎已经需要投入大量的额外精力，更不用说还要照顾一个十二岁、初到陌生国家且完全失明的汉娜。我对我亲爱的朋友帕特，内心充满了复杂的情感，无法用言语表达。

史蒂夫是一名图书馆员，多年来收集了大量书籍、文件和照片，包括一些珍稀的藏品。他是罗莎和汉娜的好父亲。收养罗莎后，史蒂夫在家照顾孩子，而帕特继续全职工作。2012年，史蒂夫的健康状况恶化，不幸去世。家人和朋友们为失去这样一个善良的灵魂深感悲痛。史蒂夫不仅是一名梦想家，更是为残障权利斗争的勇士。帕特将史蒂夫的藏品捐赠给几家机构，以延续他的传奇。她仍然维护着disabilityhistory.org网站，并且她的下一个大项目是与一个团队合作，建立一个国家级的残障历史和文化博物馆。对此我感到十分激动，并钦佩她有勇气继续讲述和分享残障人士的非凡故事。我们许多人都希望她的梦想成真，就像她成功实现了从中国收养两个美丽女孩的梦想一样。

对于帕特和史蒂夫来说，他们对两个残障孩子的爱，成为他们战胜生活中一切困难的动力。这也是他们伟大梦想的一部分，就是帮助残障群体，赋予他们尊严和尊重，帮助他们过上有尊严的生活。

那么汉娜的梦想呢？自从1994年被帕特和史蒂夫收养后，汉娜努力适应环境，后上大学并毕业于加州大学戴维斯分校，主修国际关系和中文。她现在在"Disability:IN"担任市场运营助理，同时正在进行自行车训练，准备参加国际比赛。汉娜是美国队的一员，在2023年8月的苏格兰国际自行车比赛中，汉娜与她的双人自行车伙伴一起赢得了1000米冲刺赛的铜牌。前一年，在2022年法国残疾人自行车世界锦标赛中，她获得了公里赛第六名和200米冲刺赛第五名。从中国的孤儿到美国的全国冠军，她的旅程是如此令人惊叹。她目前最大的梦想是参加2024年巴黎奥运会和2028年洛杉矶奥运会。这位心怀大梦想的年轻女性意志如此坚定，坚不可摧。

目标比希望和梦想更具体，它们构成了行动和步骤的核心要素，而希望和梦想则相对模糊。任何希望和梦想都需要通过实际的目标——也就是我们的努力——才能实现。有时，我们的希望和梦想会先浮现在脑海中，然后才会开始制定具体的目标。

指南

当我们面对生活中的挑战时，往往会忘记自己的目标、希望和梦想。我们觉得这些理想太过遥远，无法实现，因而感到沮丧、焦虑，甚至绝望。那我们如何在困难时期保持对希望和梦想的执着呢？

首先，我会用积极的语言与自己和他人对话。

这是我持守自己价值观的方式。就像我在阿尔巴尼高中活动上演讲时，我通过自我对话来触发内心深处的想法。和自己对话可能听起来有些奇怪，但实际上我们都有过这样的经历。当我独处时，经常会不自觉地把心里的想法说出来。女儿的语言学老师曾分享道："你的话语具有巨大的力量。选择那些温柔、充满爱意、积极、鼓舞人心、富有生命力的话。"这句话深深触动了我，让我认识到语言的力量。批评的话会让我们感到泄气和失去动力，而赞美的语言则能够鼓舞和激励我们。使用积极的语言，可以帮助我们将内心的批评者转变为内心的教练和支持者。

想象一下以下这些负面的想法：

- 我永远找不到与我专业相关的工作。
- 我真是太蠢了。
- 我这次考试肯定会不及格。

把这些变成积极的谈话怎么样？

- 我过去也找到过不错的工作，我会继续努力，再次找到合适的机会。
- 我刚才所做的虽然算不上出色，但我仍然是一个聪明的人。
- 我不想考试不及格。我会再花一个小时来学习。

我学会了在句子里添加"还"，并在下一句中添加"将能够"。以前，我可能会说："我不擅长写作。"但现在，我把它改成"我还不擅长写作。我会继续练习，一定能够进步。"

这种积极的态度改变了我的观点。例如，我曾经告诉自己，"没有人会喜欢我的书，因为它是关于移民的。"现在，我转而说："移民会欣赏我的书，甚至一些非移民也可能会发现其中的价值，因为它是关于增强韧性的。"

积极言论的力量不仅体现在言语上，它还能影响我们的压力水平，促进身心健康的提升。正如安德鲁·贝内特 (Andrew Bennett) 在 TEDx 演讲中所说，"我们所说的就是我们所创造的。"我们的大脑会倾听我们的话语，因此友善、乐观地对待自己至关重要。

这种做法可以增强我们实现远大梦想的能力。

此外，对我们的朋友和家人积极地说话也可以鼓励他们明确自己的内在价值观和梦想。而且，它还能帮助我们与他人建立牢固的关系。

其次，我进行反思。

反思是一种非常有价值的习惯，它使我们能够从生活的挑战中汲取教训，尤其是在我们面对失败、失望或挫折时，尤为重要。正是在这些艰难时刻，我们的成长往往超过成功时的收获。作为我个人反思的一部分，我经常会问自己以下问题：

- 什么地方出了错？
- 原因是什么？
- 我怎样才能做到不同呢？
- 我可以向谁寻求帮助？
- 我现在可以做什么来让事情变得更好？
- 一个月或一年后的未来会是什么样子？

这些问题有助于将我的注意力从沮丧的情绪转移到更具资源性的思维模式上。通过反思，无论是对于错误还是面对挑战，我培养自己学习原谅。自我反思还让我能够与自己的情感建立联系，特别是在脆弱和挫败的时刻。认知并理解负面情绪是迈向自我关'不的第一步。因此，自我反思成为巩固我们核心价值观和愿望的工具，确保我们的梦想不会因此而消减。

第三，我会列出待办事项清单并将其贴在书桌上。

梦想只是愿景，除非我们通过逐步、可实现的行动将其转化为现实。我个人每天都会查看我的日程表和日历，确保我的目标得以推进。这个习惯帮助我有效地优先处理每天的任务。每天早上，我会列出当天需要完成的任务。这些小任务因为简单而显得不再那么令人生畏，同时也更具熟悉感。我们的大脑天生对简单而熟悉的任务更容易接受，从而更容易去完成。据《心理学今日》报道，如果某件事是熟悉的，那么我们显然已经经历过它，我们的大脑会认知这一点，并引导我们去应对。因此，可以说我们本能地觉得"明知的恶魔好过未知的天使"。通过列出待办事项清单，可以将复杂的问题转化为易于处理的问题 （Raghunathan 2012）。

当我完成每天的任务时，我会一一划掉清单上的任务。这一划掉的动作便是值得庆祝的时刻。逐项划掉任务的过程，时刻提醒我已经取得的进展。这个习惯让我在生活中实现了许多目标。

要想过上充实的生活，我们必须拥有目标、希望和梦想。这些元素为我们的生活注入意义和目标，激励我们探索周围的世界，推动我们为更美好的未来而努力。适时调整我们的目标，能够培养韧性，让我们享受生活的馈赠。怀揣着愿望和梦想，我们可以通过逐步努力，克服生活中的障碍并不断前进。

第七章

原则三 — 心怀感恩和知足常乐

感恩可以让平凡的日子充满感激，把平凡的工作变成快乐之源，
把平凡的机会化为珍贵的祝福。
——威廉·阿瑟·沃德

我喜欢中国成语故事"塞翁失马"。故事是这样的，从前，在中国北方长城附近，住着一位老马夫和他的家人。有一天，他的马跑丢了，大家都为他感到难过，纷纷安慰他。但他却说："你怎么知道这不是幸运的事呢？"

几个月后，马带着另一匹新马回来了。大家都为老马夫感到高兴，纷纷祝贺他。但他又说："你怎么知道这不是灾难的开始呢？"

他的儿子非常喜欢骑马，但有一天，他从马上摔下来，摔断了腿。大家再次为老马夫感到难过，安慰他。但他又说："你怎么知道这不是件好事呢？"

一年过去了，大批外族士兵入侵长城地区，当地开始征召年轻人去参战。由于摔伤的缘故，军队没有征召老马夫的儿子。附近参战的十个年轻人中，九个战死沙场，许多人带着重伤归来。老马夫的儿子因为没被征召，得以与父亲一起幸福生活。

这个故事告诉我们，虽然你可能暂时遭遇损失，但也可能因此获得意想不到的好处。故事还说明，生活充满不确定性——被认为是好的事情可能会变成灾难，反之亦然。

在这个瞬息万变的世界里，我们会遇到无法控制的情况——有时是积极的，有时是消极的。当面对挑战时，知足常乐和心怀感恩能帮助我们从生活的负面转向正面。因此，培养韧性的七大原则之一就是心怀感恩与知足。

关于感恩和知足

感恩和知足可以为人们在健康和人际关系中带来许多益处，包括增加幸福感、改善心理健康和增强韧性。

感恩意味着对生活提供的一切心怀感激。当我们面对生活的挑战时，感恩帮助我们将注意力从感知的匮乏转向足够，并让我们意识到自己已经从生活中获得了很多安慰。在艰难时期，感恩能让我们将心态从受害者转变为胜利者，从绝望转变为希望。

加州大学戴维斯分校的教授、世界领先的感恩科学专家罗伯特·艾蒙斯博士表示："在士气低落时，感恩能激发能量；在心灵破碎时，感恩能带来治愈；在绝望中，感恩能带来希望。换句话说，感恩可以帮助我们应对艰难时刻。"（Emmons 2013）。

塞缪尔·科兰滕-皮皮姆博士认为，充满感恩的心是生命中最丰富祝福的源泉。感到被祝福的人更容易形成一种充盈的心态，这种心态帮助他们以更大的韧性和乐观态度应对挑战和挫折。感到知足是一种祝福，并且与内心的喜悦紧密相连。他指出，感恩的关键在于知足，而一颗知足的心就是一颗感恩的心（Koranteng-Pipim 2015）。体验知足意味着生活所需得到满足，从而产生一种被祝福和快乐的感觉。

根据积极心理学网站发表的文章"什么是感恩以及为什么它如此重要？"，感恩被定义为一种类似于珍惜的情感，更具体地说，它是一种对幸运事件或有形礼物所产生的幸福感和感激之情（Millacci 2017）。根据广受认可的积极心理学之父马丁·塞利格曼提出的PERMA模型，感恩是正面情感的重要组成部分，而正面情感又是幸福感的五大核心要素之一；其他四个要素包括参与、关系、意义和成就。

其他研究者，如约书亚·布朗博士和乔尔·黄博士，得出了类似的结论，即感恩有助于改善心理健康。在《身心》杂志发表的文章中，他们揭示了感恩情感与大脑活动之间的显著联系，将其与内疚感区分开来。他们的研究证实，那些通常更加感恩的人在前额叶皮质的神经敏感性更强，而该大脑区域与学习和决策密切相关（Brown 和 Wong，2017）。由于与感恩相关的积极情绪和同理心，感恩之情会促使人们回报他人并为他人提供帮助。

"今日心理学"提出了类似的发现，文章指出"生活满意度、同理心、同情心、感觉不孤独、与他人关系紧密、感恩等这些积极的情绪可能都与前额叶皮层有关"（Khorrami 2020）。

哈佛医学院指出，感恩与强烈的幸福感密切相关，因为感恩帮助人们感受更多积极的情绪，体验美好的人生，改善健康，处理逆境，并建立强大的人际关系（Harvard Medical School 2021）。同样，国家认证的健康与健身教练大卫·迪保拉相信，感恩和知足若能长期实践，可以带来幸福、健康和成功，感恩会激发积极的思维和希望（DiPaola 2023）。执照心理健康顾问杰奎琳·D·皮尔斯还将知足定义为对自己所拥有的、自己是谁、自己所在位置的满意。它尊重当下的现实，并相信未来的结果将会变得更好（Pearce 2023）。满足感可以带来以下五个好处：

- 心灵的平静：知足能够培养积极的心态，进而促进个人的成长和进步。它并不意味着放弃梦想，而是与当下达成和解，从而激发出追求更好未来的动力。

- 幸福感：尽管现实不完美，知足之心让人专注于感恩现有的祝福，从而获得幸福。对现状的接受培养幸福感，因为对现有祝福的感恩超越对未满足欲望的执着。

- 增强人际关系：知足还体现在接受他人本来的样子，从而增进人际关系。它鼓励信任、感恩与成长，培养更加深厚的友情。

- 区分需求与欲望：知足帮助我们区分欲望与必需品。认识到物质财富并非快乐的根源，我们就可以将注意力转向内心的满足，而非外在的物质积累。

- 简单生活：知足之心抑制对更多欲望的追求，促进简单的生活。这可以减轻压力，使人们能够将重点放在个人成长和内心平静上，而非物质占有。

总之，在困难时期，感恩让我们关注积极和有效的方面，而不是纠结于缺失和不足。这种转变训练我们的思维寻找积极的一面，使挑战显得更加易于应对。知足，即满足感，帮助我们拥抱生活中的困难。感恩和知足是相辅相成的——感恩增强知足，反之亦然。

我朋友的经历

许多成就斐然的朋友都曾向我表达他们对家人和朋友的深深感激之情，尤其是在逆境中感受到的真挚关怀。他们的感恩之情不仅带来内心的安慰，也成为艰苦生活中的缓冲屏障。感恩已经成为力量和能量的源泉。

我的朋友雅斯敏就是拥有一颗感恩之心的典范。作为金融行业的一名高级顾问，她回忆起照顾身患癌症的母亲时所经历的困难。她的母亲年轻时从日本移民来美国，不仅信仰坚定，而且非常坚韧。雅斯敏非常感激母亲对她人生的深远影响。雅斯敏年幼时，她的父母婚姻出现问题，但母亲仍选择留下来陪伴孩子们成长。经过多年的辛勤工作，母亲终于看着孩子们长大，正准备放松享受生活时，却在2003年被诊断出患有肺癌。为了照顾母亲，雅斯敏决定让母亲搬来和她住在一起。随后，她与老板商量，是否可以搬到她家附近的瓦尔纳特克里克办公，那里离她的家和医院只有两个街区，原本的旧金山办公室相对较远。雅斯敏幸运地获得批准，她把这惊喜看作是上帝带给她的奇迹，她也对老板的善意充满感激。

在第三年，雅斯敏不得不迎接另一场艰难的挑战，因为她的母亲又被诊断出患上了独立于肺癌的乳腺癌。雅斯敏花费大量时间替母亲与保险公司交涉分歧，还承担护理母亲的角色，比如将她母亲送到急诊室并排出肺部的积液。回想起那些充满压力的日子，雅斯敏承认，"我曾经睡得很香，但那段时间我夜里无法好好睡觉，因为必须仔细倾听（来自我妈妈的）声音……所以那段时间真是无比艰难。"

然而，她感到幸运的是，身边有兄弟姐妹和好朋友的陪伴，至少有人可以倾诉衷肠，给予情感上的支持，这些减轻了她肩上的负担。她也非常感激母亲在病重时仍尽力帮忙。雅斯敏回忆道："无论我妈妈能做什么，比如打扫房间、准备食物——她都会去做。即使到了最后，她不能再做饭时，她还会写每周的购物清单。我记得第一次没有购物清单去买东西的情景……"在这段旅程中，雅斯敏深刻体会到亲朋给与的巨大支持，珍惜他们在困难时期的无数次陪伴。

同样，我的好友，星也一直对父母的坚定支持和鼓励心怀深深的感激。和上世纪90年代赴海外深造的中国学生一样，星来到美国攻读STEM领域的硕士学位。两年后，她成功从一所著名大学毕业，并于2000年在硅谷找到一份称心如意的工作。出于对她成功的好奇，我问她取得这些成就的关键因素是什么。她回顾自己的历程，回答道："这一切都归功于我的父母。他们从我小时候就教导我接受教育至关重要。是我父亲在我大学毕业后，鼓励我继续深造。我之所以来到美国，完全是因为他们的支持。他们为我打开通向外面世界的大门，把我从中国的小镇带到更广阔的天地。"后来，她在竞争激烈的硅谷发展事业时，她的父母帮她照顾两个孩子，替她解除后顾之忧。

对星来说，父母对她最深远的影响是他们灌输的价值观——勇气和正直。她回忆道："三年前，我在库比蒂诺市的一场公开听证会上，反对一项在学校附近设立大麻商店的提案。当时，我从未想到自己会有那样的勇气。我真的为自己感到骄傲。"她继续说道，眼镜背后的双眼闪闪发亮："我分享了一个发生在20世纪初的家庭故事，关于我的曾祖父如何因鸦片上瘾而摧毁了他的健康和家庭。'永远不要靠近它！'我的父亲把这个故事传给我，我也决心让我的孩子和其他孩子远离毒品的伤害。"最终，提议在学校附近开设大麻商店的计划被否决，她的努力也发挥了作用。尽管这是她第一次在公众场合发言，她没有惧怕，依然勇敢站出来为正义发声，展现了惊人的胆识。这份深植于心的勇气来源于她父母灌输给她的价值观，为此，她对父母怀有不尽的感激。对星来说，她的行动不仅保护了自己的孩子，也守护了其他孩子。她深植于心的家庭价值观将世代相传，而她对父母的深深感激也一直是推动她前行的动力。

我父母的经历

知足常乐。我的父母正是知足常乐的典范，他们教会了我如何从生活的恩赐中找到快乐。我从他们身上学到，幸福源自内心，由感恩的心滋养而生。

妈妈从小是孤儿，她并不知道自己的生日，因为身边没人提起过。她唯一确定的是出生的那一年，因为那一年她的父亲出征上战场抗日。在战争之后，很多像她这样的人，没有正规的出生证明，生日也没有被记载。直到她搬去北京，申请上中学时，才意识到需要填写一个正式的生日。

"连您爷爷奶奶都没提过您的生日？没人为您庆祝吗？"我问妈妈。

"没有……所以我自己选了6月1日作为我的生日，并把它写在了文件上。"她毫无遗憾地说道，微笑着补充道："因为6月1日是国际儿童节，是快乐的一天。"

人们可能会觉得没人知道她的生日，也没人为她庆祝，她还得自己挑选一个生日，这多可怜啊。但对母亲来说却恰恰相反，她很高兴自己能够选择自己的生日，还能把它和一个快乐且有意义的日子联系起来。

尽管那时她羡慕那些有父母疼爱的朋友，但她在亲戚家度过的时光也算不错。在失去母亲之后，幸运的是有疼爱她的祖父母与她相依为命，她爱她的祖父母。她曾帮助祖母从高大的枣树上摘取大红枣，这是她现在还能记起的为数不多的童年记忆之一。几年后，祖父母不幸去世后，她的姑姑和舅舅承担起收养她的任务，尽管他们自己也在贫困和焦虑中挣扎，连自己的孩子都很难养活，仍然让她在一家家住上几个月，轮流照顾她，为此她感激不尽。她对我讲述这些故事时，轻松愉快，仿佛并没有经历过太多的痛苦。她回忆起和表兄弟姐妹一起玩耍的时光，语气充满了快乐。直到今天，妈妈仍然对在那些动荡时期给予她帮助的亲戚们心存感激，特别是她最小的姑姑，这位姑姑不仅改变了她的生活，还在她人生的重要时刻始终陪伴在她身边。

同样，父亲也一直觉得自己很幸运，尽管从小家里贫困，但他拥有一个充满爱的家庭。他和他的祖母关系非常亲近，她不仅在战争中救了他的命，还总是把最好的食物留给他。父亲回忆起他的祖母每天早晨都会祝他学业顺利，每次放学回来也会迎接他回家。祖母的这种关怀一直持续到他成年并开始工作后。结婚后，父亲对祖母的感激之情仍旧深厚。看到我的母亲怀孕了，父亲的祖母激动得开始为孩子缝制婴儿衣服，提前一个月就完工。在完成任务后几天，她就放心地安然离世。每次父亲给我讲这个故事时，他总是满怀深情，不断表达对他祖母的感激之情。"她是最善良的人。我是她最爱的长孙，她最疼爱我。"

我父母对我的祖母始终怀有深深的感激。我才六岁祖母就去世了，所以对她的记忆已经很模糊了。在我哥哥出生后，祖母曾帮助照顾他，尽管她的健康状况不佳，她仍然尽心尽力，使我父母得以继续工作。后来，祖母摔倒导致髋骨骨折，卧床不起，父母便将她接到家中照顾，陪伴她度过最后的时光。她在亲人的陪伴下，于第二年安详离世。

记住生活中的恩赐是非常重要的。我的父母始终心怀感恩，他们不仅珍惜那些美好的时光，也坦然面对生活中的艰难时刻和无数平淡的日子。事实上，知足是他们最大的福气。他们总是专注于那些带来快乐的小事和瞬间，庆祝一些在别人看来微不足道的小胜利。我从他们的身上学到，即便大多数日子平淡如水，令人激动的时刻寥寥无几，真正快乐的人是那些能在每一个平凡的日子里找到喜悦的人。我的父母经常带着我和哥哥去附近的公园玩耍。在明媚的阳光下，我们在树木和花丛间欢笑、追逐。那些日子，蓝天白云和灿烂的阳光是那么美好！有时候，妈妈会留在家里洗衣、打扫和做饭，而爸爸则带着我们去河里抓小鱼。回到家时，我们早已饥肠辘辘，扑向妈妈做的美味佳肴大快朵颐。父母看着我们狼吞虎咽的样子，心里充满了满足感。我们可以选择快乐，因为快乐源自内心，也源自对生活恩赐的感恩之心。

心怀感恩不仅使我们感到幸福，还带给我们内心的平静与同情心。母亲觉得自己受到了很多祝福，她就对那些不幸的人心怀怜悯。有时，别人因为她的温和与善良而欺负她，或者利用她，她也不会纠结太久，能够很快原谅别人。有一次，她的一位同事向她借了一百块钱，却一直没有还给她，那是她因研究成就而获得的奖金。后来，这位同事解释说自己经济非常紧张，无力偿还。尽管母亲一直耐心地等待对方还钱，也没有急于催债，或许是因为母亲理解对方要养两个孩子，她没有对此心怀怨恨。

在那个贫困的年代，十块钱已经算是一大笔钱了，而妈妈当时每月的工资只有五十六块。这是她所在研究所的标准工资，只相当于几美元。上世纪80年代的中国，生活成本较低，但一百块几乎相当于她月薪的两倍。尽管如此，她并没有对那个同事心怀怨恨，因为她觉得自己已经很幸运了，拥有健康的身体、爱她的丈夫和孩子，以及一份事业。相反，她为那个同事感到同情，明白他一定在为养家糊口而艰难挣扎。因此，她从未责怪他，也没有再去催他还钱。她的感恩之心帮助她保持内心的平和，同时也让她对他人充满了同情与理解。

父亲也是感恩的人，他从不忘记帮助过他的人。他相信"滴水之恩，当以泉涌相报。"这是中国人的做人原则，敦促人们知恩图报。父亲深深感激那些在他困难时期给予他帮助的人，并且时常提醒我们要尽力回报恩情。

对于那些他无法直接回报或表示感谢的人，父亲心怀感恩，铭记在心，并多次与我分享这些经历。他常常提起自己小时候饿晕在地后，叔叔给他一碗面条的情景；还讲述了那位仁慈的神父赠送他牙粉，治愈他感染的腿，以及一位国文老师鼓励他学习中国文学的故事。母亲则经常提到，在她生病时，姑姑给予她关键的照顾；善良的老邻居照顾年幼的哥哥；还有她的音乐老师，发现她的歌唱天赋，并鼓励她坚持对音乐的热爱。每当母亲分享这些温暖的故事时，她的脸上总是洋溢着感激的笑容。

尽管这些事发生在多年前，但他们一次又一次地讲述，好像事情刚发生在昨天一样。这些故事加深了他们的信念，即他们在生活中是非常幸运的，周围有许多善良的人。回顾过去的恩赐，帮助他们坚信人性中的美好。

正如查尔斯·狄更斯所说："应该反思你当下的祝福，这些祝福每个人都有许多；不要去想你的不幸，因为每个人或多或少都有一些。"（Dickens 1836）人们越多地感恩，越能感受到幸福；感恩越多，越能找到更多的恩赐。感恩和数算祝福是通向幸福的良性循环。

怀着感恩的心，我的父母将爱心传递给素不相识的人。他们最喜爱的慈善组织之一是中国的希望工程，这是中国最大的一家非营利组织，专门帮助低收入家庭的孩子接受教育。他们非常渴望回馈社会，帮助那些难以获得教育机会的贫困儿童。这是他们表达对自己年轻时能够接受教育的感激之情的一种方式。

除了捐款之外，他们在晚年还在教堂志愿担任图书管理员六年多，直到七十多岁才不得不放弃，因为那时他们年长体弱，已无法弯腰分类书籍。那些年里，他们把志愿工作当作一份真正的工作，把书架打理得井井有条，认真管理借还图书。他们像照顾自己的宠物一样管理书籍，并经常用微笑和与他人的愉快互动来表达感激之情。

面对生活中的不确定性，父亲时常教导我要心态平和。生活中总有我们无法控制的事情。无论发生什么事，他说，你都应该保持冷静，乐观地接受。生活总有光明的一面，总有你可以学习的教训。父亲的知足心态帮助他接受现实，放下忧虑，并适应艰难的生活。

在文化大革命期间，父亲和其他知识分子被送往干部学校接受再教育。干部学校是毛主席为重新教育干部和知识分子而设立的，要求他们进行体力劳动，种植粮食，并进行思想改造。知识分子轮流前往农村或基层，从事生产劳动，积累第一手经验。对许多习惯了较舒适生活的人们来说，这些学校的生活条件通常非常艰苦（Chineseposters.net 2023）。

父亲和他的同事们每天都要向当地农民学习，努力在田间工作。由于劳动强度大，他们每天都筋疲力尽。父亲接受这个事实，并尽力享受那段时光。他很高兴有机会学习新技能，比如养猪。父亲非常喜欢他的猪，猪也认得他。每天，他都会给它们喂食，并清理猪圈。他感到作为农民非常充实，喜欢看到他的猪越长越大。他还为自己的工作能帮助他增强肌肉、变得更加强壮感到高兴，尤其是他本来个子就很高。他很自豪自己能够用扁担挑起与当地农民一样重的担子。

他对伙食也很满意。因为劳动强度大，他吃得很多——每餐通常吃八个馒头和两碗米汤。虽然除了馒头和米汤之外没多少其他食物，但他对数量很满足。在空闲时间，他专心学习英语。在不太忙碌的日子里，他会在清晨花三十分钟到一小时背诵英语单词和句子，在其他人还未起床时就开始学习。好学是他的天性，尽管他知足于现实，但这并不意味着他放弃了自己的抱负和激情。

父亲最后的日子充满感恩

用言语表达感恩和知足说起来容易做起来难，尤其是在生死攸关的时刻，要困难得多。2020年，新冠病疫情爆发使社会交往中断。2021年初，新冠病爆发将近一年之后，疫苗才开始推向大众。我的父母成为第一批接种疫苗的人，我感到一丝如释重负的轻松，充满对疫情结束的期待。然而，在2021年感恩节的前一天，父亲却病倒进入了重症监护室，焦虑再次把我抛向深渊，我为他的健康忧心忡忡。

重症监护室之后，父亲转入了一家疗养康复中心，那时要严格遵守新冠病期间的防疫规定。雪上加霜的是，因疗养中心出现一例新冠病病例，疗养中心突然关闭，这导致我们无法与他见面，我感到无助至极。在他健康状况恶化的情况下，与我们失去联系对他来说是近乎残忍的命运安排。医疗团队建议我们考虑临终关怀，得知他已进入生命的最后阶段时，我感到无比震惊。一时之间，我难以接受这残酷的现实，陷入绝望与疲惫之中，几夜无法入眠，内疚、愤怒与无助的情绪不断涌上心头。

幸运的是，好友提醒了我感恩的力量。面对挑战，我意识到沮丧无济于事。相反，我开始感激身边的支持——从疫情期间医疗团队的悉心照顾，到护理人员和家人始终如一的陪伴，这些给予我莫大的安慰。我重新振作，擦干泪水，怀着新的决心，勇敢面对接下来的一切。

经过一道道复杂的程序，父亲终于如愿回到家中。他希望被挚爱的人围绕，在温暖和欢乐的家中度过余生。虽然父亲大部分时间都沉浸在睡眠中，但当救护车将他送回家时，他清醒地躺在移动床上，显得安详平静。这一天是2021年12月21日，距离圣诞节仅四天，父亲在离家一个月后终于回到家中。他向急救人员道谢，并挥手告别。那一刻，父亲的举止提醒我，生活是一段旅程，我们应以感恩和知足的心态拥抱生活中的一切。他用行动为我们树立了一个榜样，展现他如何以感恩的心态去面对生命。

在生命的最后日子里，父亲继续向周围的人表达他的感激之情。在疗养中心时，他礼貌地感谢照顾他的护士和医生。回到家后，他感激前来看望他的护士、护理人员和我们家人。有一次，我的丈夫和护理人员试图用床单将父亲从一张床上抬到另一张床上，他们正准备把一个充气垫放上。由于移动，父亲醒过来，显得有些担忧。我丈夫和护理人员安慰他，告诉他这次移动很安全，不用担心会摔倒。父亲的表情依然带着一丝忧虑。他那时已经不能开口讲话。最终，他举起双手，指指自己的腰部，然后指向我丈夫的腰部。我丈夫突然明白了父亲的担忧——父亲担心我丈夫在抬他时会扭伤腰部。我丈夫安慰他不用担心，解释说父亲一点都不重，移动他不会很费力。事实上，父亲在过去的三周里体重已经减轻了很多。看着他们的互动，我无法抑制泪水的流淌。尽管父亲已经虚弱到无法说话和自主呼吸，他依然在关心他人。他对身边的每一个人都充满了感激之情，直到生命的最后一刻，他依然展现出感恩与优雅。

圣诞节那天，我的三个孩子来到我父母家为他们唱圣诞颂歌。我唤醒父亲，让他能欣赏这一温馨的表演。他微笑着观看孩子们的表演，低声道谢。凭借仅剩的力气，他努力喊出每个孩子的名字。我站在他身旁，眼中泪水涌动，但我擦去泪水，不想在这微妙的时刻流露出脆弱的情感。当他凝视着自己的孙儿们时，他展现出一种宁静、满足和安详。我多么希望他能像往年一样与我们一起唱歌！在接下来的日子里，他依然保持着宁静和知足，直到于2022年1月3日平静地离世。父亲的一生充满了感恩与知足，成为坚韧生活的真实写照。

指南

培养感恩之心是一种美好的实践，它可以通过多种方式丰富我们的生活。以下是一些培养和表达感恩之情的方法：

首先，写日记

坚持写日记是一种有意义的方式，能够帮助我们清理自己的情绪和记录人生经历。日记中的反思能够让我们深入探索内心的思想和情感。通过书写，我们可以更加清晰地理解自己的内心世界。虽然我不是每天都写日记，但在面临挑战时，我会诉诸于日记，在表达自我的过程中找到慰藉。日记成为我信任的伙伴，随时准备温柔倾听，像一位支持我的朋友一样，让我既可以分享挣扎，又可以庆祝成就，时刻提醒我所拥有的恩赐。

其次，通过留言和信件表达感激之情

写感谢信是一种极有价值的实践，这是我从父母身上学来的。后来，我也从女儿学校的活动中学到写感谢信的积极意义。每次学校郊游后，老师都会让孩子们给家长义工写感谢信，配上自己的图画。看到孩子们的这些爱心作品，让我深刻体会到表达感激的力量。这种做法不仅能增进人与人之间的关系，也提醒我们去感恩生活中的点滴。耶鲁大学的莱瑞·桑托斯博士建议我们抽出时间去表达感恩，比如写一封感谢信给别人，这样会提升我们的幸福感。她发现，写感谢信并亲手递给对方是一种有效的方式，因为这一举动让接受者珍惜当下，同时也能让发送者几个月都感到幸福（Talesnik 2020）。

第三，回馈社会

回馈社会带来的是一种快乐，而寻找这种快乐也是自我发现的过程。通过志愿服务，我们可以积极地为身边的环境做出贡献，这也是一种具有深远影响的方式。它不仅是表达感激的方式，还加深了我们与他人的联系。此外，志愿服务帮助我们提升自尊和整体满足感，因为我们认识到自己的贡献对社会产生了积极影响。

感恩带给我们幸福感，也让我们懂得珍惜，并且使我们认可接受他人。知足则让我们以平静的心态拥抱命运，正如中国诗歌所说的那样："宠辱不惊，看庭前花开花落。"当花开时，我们欣赏它的生机与美丽；当花谢时，我们观察它生命循环的自然规律。理解生活有起有落，能让我们在逆境来临时从容应对。理解生活中的不确定性能让我们保持平和的心态。怀着一颗平和的心，我们接受生活中的波折，同时珍惜生活中的快乐。通过感恩与知足，我们塑造出一种能够优雅应对挑战并珍惜快乐的心态。

第八章

原则四 — 精神信仰

信仰是力量，让破碎的世界重见光明。
——海伦·凯勒

几个世纪以来，宗教和精神信仰一直是中国文化和身份认同的两个主要组成部分。中国古代社会的三大宗教是儒家、道家和佛教，这些宗教和信仰影响着政府、科学、艺术和社会结构（*National Geographic* 2023）。中国人相信"头上三尺有神灵"，相信神灵无处不在地注视着每一个人，做坏事的人不能够逃脱神灵的惩罚。

然而，从20世纪50年代开始，中国学生从小就接受无神论的教育，认为他们应该放弃对任何神的信仰，因为信奉神灵是早已过时的旧思想，是无用且不科学的。人们应该改变观念，认为那些烧香拜佛的人迷信。而且，自1949年新中国成立以来，随着国家对马克思主义的信仰，许多人接受了马克思在《批判黑格尔法哲学的序言》中提出的理论，就是"宗教是麻痹人民的鸦片。"（Marx 1844）。我们从小学起就学会了唱共产主义歌曲《国际歌》

，这首歌的歌词里有一句声称世界上没有上帝。

我曾经相信这些理论，直到2004年我成为基督徒才摒弃这个观点。那时我已经参加教会活动几年了，神的爱感动了我的心。宗教给了我更深刻的人生意义和目标，我相信信仰比这个世界和短暂的生命更重要。上帝在艰难岁月给我提供了安慰、慰藉和希望，让我感到自己不孤单，并且我坚信造物主对我的爱和祝福永不改变。我的生活变得更加充实、快乐、平静。对于我和其他许多人来说，精神信仰是增强韧性的强大基础。

关于精神信仰

研究证明，追求精神信仰可以提高人们的整体幸福感，帮助我们克服困难并增强韧性。在"精神信仰如何有益于您的健康和幸福感"一文中，伊丽莎白·斯科特博士总结了精神信仰如何在四个方面使人们受益。首先，它可以帮助人们找到生活的目的和意义。其次，它可以帮助人们应对日常压力的影响。第三，人们通过精神信仰恢复希望和乐观。第四，它帮助人们找到社区感和支持感。斯科特指出，"对上帝或超自然力量的信仰可以使人们减低压力反应，增强幸福感，甚至减少对死亡的恐惧"（Scott 2023）。

其他研究还表明，定期的精神信仰活动可以提高年轻人的幸福感。根据哈佛大学公共卫生学院的研究，那些在年轻时每周参加宗教仪式或每天进行祈祷或冥想的人，在二十多岁时生活满意度和积极性更高，并且出现抑郁、吸烟、使用非法药物或患有性传播感染的人数几率较低（Sweeney 2018）。《高等教育中的多样性问题》也鼓励学生利用信仰的力量来释放他们的潜力和承诺。文章提到，人们可以从宗教的角度和实用的角度来思考和传授信仰。简而言之，"我们可以随时运用它，并且可以有意识地将其用于个人提升和集体进步"（Bright 2021）。

其他研究也得出结论，精神信仰帮助人们在艰难时期建立韧性。持照的专业咨询师安德里亚·马修斯在文章《精神信仰如何影响韧性》中指出："韧性展示了我们如何适应生活中的困难挑战：如疾病、创伤、关系问题、工作问题或财务压力。那些拥有坚定精神信仰或正在培养信仰的人，往往更能展现出这种韧性。"她在谈到那些经历艰难时期的人时指出："即使生活看似失去了意义，他们的精神信仰依然为他们提供强大的支持，帮助他们渡过难关，直到重新回归现实。"（Mathews 2021）。这些艰难时期包括为失去亲人而哀悼的痛苦阶段。在国家医学图书馆发表的《精神信仰可能影响哀悼结果：前瞻性研究》一文中，研究人员基里·沃尔什得出结论："相比于没有精神信仰的人，拥有更强精神信仰的人在亲密的人去世后能够更快更完全地走出哀伤"（Walsh et al. 2002）。

此外，精神信仰鼓励人们与自己、他人和未知事物建立更好的关系。它可以通过给予人们和平感、目的感和宽恕感来帮助他们应对压力，从而对心理健康产生积极影响。精神信仰是建立韧性的原则，因为它们在培养韧性和内在力量方面提供了诸多好处（WebMD 2021）。

- 为个人提供目标感和意义感
- 促进情绪健康
- 帮助人们在面临考验和挑战时克服障碍
- 增进与他人的关系

在日常生活中，我们需要注重心灵的关怀，而在面对生活中的困境时，这一点尤为重要。尤其是在新冠病毒大流行等重大危机期间，确保每个人都能得到精神上的支持显得格外关键（Hall 2020）。

以下是我采访的两个感人故事，生动地证明了精神信仰如何帮助人们度过人生中至暗时刻。

安德鲁·贝内特的故事

安德鲁·贝内特是一位TEDx演讲者和魔术师。他的演讲《言语的魔力——我们说的是什么，我们创造的就是什么》（Bennett

2014）让我深感震撼，尤其是信仰的力量。尽管我一直知道我们应该用积极的言语鼓励他人，但我从未真正相信我们的言语和信念可以将愿望变为现实。

他的演讲让我着迷，并让我好奇，想知道他是如何决定用"阿布拉卡达布拉"（abracadabra）这个魔术词来改变人们的生活的。幸运的是，我有机会采访安德鲁。出乎意料的是，他的个人故事比他的演讲更深深打动我。

安德鲁的逆境从他三岁时开始，那时他的母亲和姐姐在一次交通事故中被酒驾司机的失误夺去生命。一年后，他的父亲再婚并只带走了他的哥哥，留下他由外祖父母抚养。外祖父成了他的挚友，并教他魔术。然而，当安德鲁十六岁时，外祖父自杀身亡，这一打击使他的世界崩塌。几年后，在他二十四岁时，他的外祖母因脊髓炎瘫痪九个月，之后医治无效而去世。这一变故再次将他推入了绝望的深渊。安德鲁的舅外公是一位浸信会牧师，在医院的走廊里抱住安德鲁试图给他安慰时，安德鲁绝望地推开他说："别跟我谈你的上帝，上帝不存在。"在他二十四岁之前，失去了所有他爱的人——母亲、姐姐、父亲、哥哥和外祖父母，他失去了对上帝的信任，他认为上帝抛弃了他。

时间快进十五年，安德鲁通过辛勤的工作和努力在事业上取得了巨大成功。然而，就在他准备庆祝成就时，悲剧再次降临。他的梦想之家因有毒霉菌侵袭，房子不能再居住，他不得不与建筑商对布公堂，但建筑商却推卸责任，拒绝修复理赔。高额的诉讼费用迫使安德鲁倾家荡产，不得不放弃诉讼，并因破产与妻子搬到一个小公寓中。命运仿佛又开了一个残酷的玩笑，一场灾难性的事件发生了。一天下午，闪电击中了他们卧室上方的屋顶，引发了阁楼大火，导致屋顶坍塌，摧毁了他们所有的财物，还使他们失去了如同他们的孩子一样的三只心爱的猫。正如那句老话所说，祸不单行。最终，他和妻子离婚了。安德鲁形容那段日子是他人生真正触底的时刻。他说："虽然我从未有过自杀的念头，但我计划搬到密歇根一个非常偏远的地方，在孤独中度过余生。"

那年是2020年，安德鲁正好五十岁。年过半百，他经历磨难包括失去至亲，走到了人生中的至暗时刻，痛苦、绝望和无助感压倒了他。一个命运注定的夜晚，他躺在床上承受着剧痛，他倾诉道："上帝，你为什么离开了我？" 让他惊讶的是，他听到了一个声音回答道："安德鲁，我从未离开你。是你离开了我。我一直都在，而且我永远爱你。"

第二天早上，他醒来时感到焕然一新，心中充满新的目标和希望。他说："不知为何，我想起了魔术术语--显现、消失和重建，这些用语是学习魔术的第一课。"经过反思， 这三个术语成为他日后演讲、工作坊和辅导课程的核心理念。他用这些术语鼓励人们思考一些关键问题："你想在生活中显现什么？你生活中有什么需要消失？你需要在生活中重建什么？"

那个奇妙的晚上，他在绝望中挣扎，上帝回应了他的呼喊。他得到了肯定的答案：上帝一直爱着他，从未抛弃他。这份爱恢复了他的力量和勇气，促使他转变自己并重建生活。

与此同时，他对"阿布拉卡达布拉"这个词产生了好奇，就开始在网上查找它的含义和词源。由于找不到相关信息，他联系了麻省理工学院的语言学系。麻省理工学院回复说会进行一些研究。两三天后，安德鲁惊讶地接到了著名语言学家、哲学家和政治活动家诺姆·乔姆斯基的电话。乔姆斯基向安德鲁解释说，"阿布拉卡达布拉"来自古老的阿拉姆语，意思是"我创造我所说的"。安德鲁觉得这个解释有点绕口，于是他将措辞简化为"我们说什么，就创造什么"，让人更容易理解。他随后向美国专利和商标局申请了"阿布拉卡达布拉"的商标。与此同时，更多好事接踵而至。安德鲁继续说道："之后的一年半内，我遇见了我的妻子詹妮弗，她是我生命中最美好的遇见。" 他们现在已经幸福地结婚十年了。

安德鲁将他人生的成功归因于上帝。正如那个夜晚他在巨大痛苦中听到的话语，上帝从未离开他，他确信如此。我认为，"阿布拉卡达布拉"是一个神圣的象征，也是一种温柔的提醒，提醒安德鲁上帝无时无刻不在他身边守护着他。这句话在恰当的时刻唤醒了他，使他意识到自己具备自我恢复的能力，并得到了所需的帮助。

他认为信仰是一种拯救他的神奇力量。他说："我真的认为，超越宗教，去思考上帝作为一种存在于宇宙每一个原子中的善的力量，是非常重要的。这是一种不断扩展的创造力。有时，创造需要伴随破坏。那些我们认为的崩溃、结束或消亡，最终会让位于新的事物。所以，最终胜出的永远是创造的力量。"他坚信善良存在于每个角落，每个人天生就拥有这种善良。他继续说道："对我来说，上帝就在我们每个人之中。过去十年来，我的动力就是把自己的一生作为对上帝的感谢。我想用我的一生来荣耀上帝。这意味着我必须成为最好的自己，以尊重上帝赐予我生命的特权，同时也要帮助他人。我的关注点就是全心全意为上帝服务。"

精神信仰的力量如同一束光，指引着安德鲁的人生道路。它帮助他度过了生命中最黑暗的时刻，促使他发现他人身上的善良，并投入到服务他人的事业中。他的人生旅程见证了精神信仰的转化力量，带来了积极而光明的连锁反应。这才是真正的魔力。

黛西的故事

让我们来看看我朋友黛西的故事。黛西年轻时随家人从非洲移民到美国。因为她不会说英语，老师们让她留级，直到她学会英语。作为一个非白人，她发现自己难以融入黑人或白人的群体。

黛西面临的重大挑战是她母亲被诊断出患有乳腺癌。手术后，医生告诉家人，她母亲的生命只剩下不到六个月的时间，这对全家来说是极大的打击。

她说："在那六个月里，我和姐姐开始照顾母亲，以便父亲可以继续工作，养活我们全家。他肩上承载的全家人的重担如同承受整个世界。我们眼睁睁看着癌症一点点摧毁了母亲，她最终不得不躺在家中接受临终关怀。在那段时间里，我停止了和上帝说话。我很愤怒，因为他在我这么年轻的时候夺走我的母亲。我很愤怒，因为他没有治愈她。母亲是一个虔诚的天主教徒，每天早晚都祈祷。她是一个勤劳的工作者、慷慨的给予者，心灵纯洁。人们都爱她。她就是圣经中所说的《箴言》第31章的女人。"《箴言》第31章中的女人指的是圣经中（箴言31:10-31）描绘的理想妻子和母亲，以其坚强、智慧、勤劳以及对家庭的关怀著称。

黛西不断问自己，母亲是一个充满爱心、善良的人，是一个虔诚的天主教徒，精神坚韧，为什么上帝允许这样的悲剧降临在母亲身上。母亲的去世给她的整个家庭和朋友带来了巨大的痛苦。她虔诚地祈祷，向神倾诉她的心痛，寻求安慰和理解。

她经历的第二个最艰难的时刻，是多年后的离婚变故。作为家中的经济支柱，她因此被拖入法庭。她的前夫虽然在婚姻期间没有为家庭财产做出贡献，却依然要求远超他应得的那部分。有一段时间，她陷入了绝望，因为前夫拒绝支付任何抚养孩子的费用，最终她只能勉强维持生计，直到银行账户见底。她说："圣经成为我的精神食粮，我全身心投入其中，汲取力量。那就是我今天成为忠实基督徒的原因。" 就在那时，上帝派了她的朋友来帮助她。注意到她的压力和挣扎，她的朋友关切地问她发生了什么。在得知黛西陷入了困境后，她的朋友写了一张1000美元的支票，并说明这笔钱不需要偿还。这笔钱正是黛西急需的救济，帮助她渡过难关，直到她找到第二份工作，能够应付不断增加的账单。

一年半后，黛西再次觉得再也承受不住如此巨大的压力，她在精神、情感和身体上都已经精疲力竭。她的前夫不断给她写恶意的电子邮件和短信，甚至在她下班回家时在家门外等她。

有一天晚上，她觉得自己再也无力抗争，就计划结束自己的生命。她为即将做出的决定感到愧疚。她说："当我为即将做的一切道歉时，我第一次听到了上帝的声音。我趴在地上，泣不成声。他对我说，'我的女儿，只要迈出一步，剩下的我来带你走。' 我回答说，'但我太累了。' 他又说，'只要迈出一步。'" 就在她大声哭泣的时候，孩子们冲进了房间，问她怎么了。黛西只能装作若无其事，去洗了洗脸。她强烈意识到，她的生命得以保全，是因为一种超越她理解的力量挽救了她。

在所有这些心碎的故事中，有一个尤其让她感触深刻：她曾共事的一位医生因离婚的困境选择结束了自己的生命。黛西听闻这个悲剧反思自己的存在。她承认："那结束生命的人本来可能是我，但我知道上帝听到了我的哭泣。" 她感受到了来自上帝的安慰和力量。虽然她的情况并没有在一夜之间好转，而且持续了三年之久，但每当她陷入绝望时，她都会想起上帝那低沉而安宁的声音，催促她一步一步前行，并保证他会照顾其余的一切。

她非常感激朋友的帮助，更感谢上帝。她从《旧约圣经》中描述蝗虫侵袭以色列农作物的经文中汲取灵感，并看到上帝如何弥补那些失去的岁月，最终赐予丰收的承诺。她从中找到了上帝恢复一切的希望。正如上帝在毁灭后带来了丰盈，她也感受到了上帝的祝福。她说："上帝倍增了蝗虫试图摧毁的一切。实际上，那同样的1000美元，我已经转手帮助了五个人，并陪伴他们走过离婚的难关，教导他们如何依靠和信任上帝。在我最深的绝望中，上帝触碰了我。他是恢复者，我必须继续为他人做上帝为我所做的一切。" 她还说："上帝是如此伟大，太奇妙了。我告诉你，他的仁慈、他的信实和他的怜悯，一旦你体验到了，你就会希望他人也能体验……这是他善良本质的核心。"

那个关键的夜晚，当上帝的声音传达给她时，她找到了仁慈和力量的源泉，变得足够坚强，重新掌握了自己的生活。通过这次深刻的经历，黛西明白了，供给并非来自人，而是来自全能的上帝，生命中的一切都不会被浪费。她希望自己的故事能激励他人在最黑暗的时刻依靠基督，确信上帝聆听每一次祈祷，抚慰每一滴泪水。

黛西通过她的信仰走出了最黑暗的时刻。如今，她已成为一名成功的高管，继续过着感恩和服务他人的生活。对她来说，慈悲不仅仅是一种特质或品格，而是一种生活方式。

个人的经历

像许多在20世纪40至50年代成长的中国人一样，我的父母在成年生活的大部分时间里很少接触宗教，但他们从小就相信超自然的力量。母亲相信她父母的灵魂一直围绕着她，并在她一生中保佑她。父亲则感激那位牧师，他曾给父亲牙膏粉神奇般保住了他的腿，也救了他的命。

我和丈夫也是后来才接触基督教，并于2004年受洗成为基督徒。这是在去教会几年之后发生的奇迹，我们决定跟随公婆的脚步走上信仰之路。两年后，我哥哥的全家也成为基督徒。2009年，我的父母在感受到上帝的爱与救赎后，也皈依了基督教。他们相信，多年来上帝的恩典帮助他们战胜了生活中的各种挑战。宗教支持了父亲生命中最后的十三年，并给予他与各种疾病抗争的力量。

我的父母在他们的教会担任图书馆管理员长达六年多。当父亲的健康在2018年急剧恶化时，他不得不放弃这一职务。但他仍继续参与团契和周日的礼拜。圣经中的经文成为他灵魂的养分。他最喜欢的经文之一是诗篇23篇："耶和华是我的牧者，我必不至缺乏……"

诗篇23篇也是我最喜欢的经文之一，因为它在困难时期给我带来安慰，提醒我上帝慈爱的引领和供应。因为上帝如同牧者一样关爱并引领他的羊群，在面对生活的挑战时提供安慰和保护，我不再感到孤单。我发现，在我生命中最黑暗的时刻，上帝派来了合适的人支持并安慰我。

我常常与父亲一起背诵诗篇23篇，尤其是当他在客厅里借助助行器练习走路时。每当他蹒跚前行时，我情不自禁地联想到《你举起了我》（You Raise Me Up）的旋律，唤起了我童年时他如何抚育我的记忆。这首歌的歌词表明，在虚弱、挣扎和挑战的时刻，人们可以转向上帝，寻求支持和引领。"你举起了我"这一概念成为上帝在生活风暴中给予安慰、勇气和重新找到人生目标的象征。父亲依靠主耶稣，仿佛站在山顶上，行走在风暴的海浪之上。正是这种信靠，使他发现了超越自我局限的无穷力量。

回顾我的人生旅程，我心中充满了对上帝的无尽感激。从一开始，他就赐予我最好的父母；他们的引导和爱一直是我坚强的支柱。后来，我有幸认识我的第一个美国朋友贝丝。她就像守护天使，总是在我身边，以她对我能力的坚定信念指引我前行。1997年，当我在布法罗感到最孤独的时刻，尤其是当承包商工人在工作中嘲笑我时，几位朋友陪伴我度过了难关。这些朋友就像上帝派来的天使，擦拭了我的泪水。回想起这些人生片段，我深感谦卑，感谢上帝的恩典一直如影随形，通过家人的爱、朋友的支持，以及在我最需要时出现的"天使"而展现。

在我孩子的青春期，我因她们的叛逆感到沮丧。我的教会姐妹们总是为我祈祷，给我情感上的支持。有一个晚上，我泪流满面，向上帝质问这些艰难的时刻。上帝的回应很简单："要感恩。"起初这让我感到困惑，但这些话最终成为一盏指路明灯，帮助我在挑战中找到祝福。感恩改变了我的视角，让我在挣扎中看到了成长和爱。这是一次在最艰难的时刻中找到光明的转变性教训。

另一个痛苦的篇章，是我亲眼见证了父亲的去世。2022年1月3日，父亲在睡梦中平静地离世，踏上了通往天堂的旅程，这在我心中留下了巨大的空虚。那个深深爱着我的人已经不在人世，悲伤涌上心头，眼泪止不住流淌。然而，在这份悲痛中，我从上帝的存在中找到了安慰。依靠我的信仰，我决心继续前行，延续父亲坚韧的精神。

在他的追思礼拜中，我们选择了一首感人的中文赞美诗《耶和华是爱》，这首歌的灵感来自诗篇23篇，以纪念他的生命。我们决定在他的墓碑上镌刻一段深刻的话语："爱是恒久忍耐，又有恩慈"，以中英文两种语言呈现。这句话源自父亲最喜欢的另一段圣经经文——《哥林多前书》13:4-8："爱是恒久忍耐，又有恩慈；爱是不嫉妒；爱是不自夸，不张狂，不做害羞的事，不求自己的益处，不轻易发怒，不计算人的恶；不喜欢不义，只喜欢真理；凡事包容，凡事相信，凡事盼望，凡事忍耐。爱是永不止息……" 我发现这些话完美地描述了父亲的品格。他用一生践行了爱的真正意义，展现了耐心、仁慈、谦卑和温柔，正如耶稣所教导的那样。虽然父亲从未要求我们将这段经文作为他的墓志铭，但我们心里深知，这将是对他非凡人格的美好致敬。他的爱、同情心和善良深深影响了每一个与他有过交往的人。

《提摩太后书》4章7节说："那美好的仗我已经打过了，当跑的路我已经跑尽了，所信的道我已经守住了。" 是的，父亲度过了充实的一生，完成了他的使命。他卸下了世间的劳苦，在天堂享受着平安与美好。在父亲去世后，我开始了一段心灵的旅程，反思他那不可思议的坚韧和他与耶稣的深厚联系。

然后，我开始思考自己的人生，情不自禁地想起那些我无数次听到的智慧话语："要感恩。"尽管我经历了所有的挑战和挣扎，但我意识到我拥有健康、美满的家庭、支持我的朋友以及一份有意义的工作，这些都是我应该感恩的财富。虽然失去父亲的痛苦深深刺痛着我，但我从中找到了安慰和力量，因为我知道父亲现在在天堂享受着上帝的爱。有一天，我也将与他在天堂重逢。

指南

精神信仰是个人的选择，是发现自我的过程，也因人而异。提升精神信仰的方式有很多种，以下是几种常见的方法：

- 通过冥想或祈祷来培养正念，是培养精神信仰的一条重要途径。即使每天仅用五到十分钟进行冥想，也能引导我们深入内心，获得宁静和幸福感，也能建立韧性和增强洞察力。祈祷同样是回应我们精神信仰渴求、自由表达自我的有力方式。

- 参与属灵活动，例如参加宗教聚会、阅读圣书或参加仪式，也能帮助提升精神信仰。

- 以非正式的方式探索精神领域的知识也是有效的方式，可以找到灵感，例如阅读书籍或收听播客。对于经历过宗教创伤的人来说，参与正式的宗教活动可能会让他们感到不适。在这种情况下，避开宗教背景并保持一定距离是完全合理的。类似地，有些人可能觉得传统的宗教活动不符合他们的生活方式。在这两种情况下，选择非组织化的活动来培养精神信仰是一种可行的替代方案。

- 与大自然接触可以带来极大的满足感。无论是徒步穿越如画的风景、细心照料花园、欣赏花鸟的曼妙之美，还是参与其他户外活动，这些都能深刻地培养人与自然的紧密联系。这种联系常常会让人产生敬畏感，并增强对自然世界固有之美的欣赏。

人类本质上是有精神信仰追求的，我们总是在寻找人生意义。通过精神信仰，我们能够找到生活的意义，感受到自己并不孤单；帮助我们挖掘自己内在潜力，同时有效利用周围的力量和资源。有些人发现参加宗教仪式和有组织的活动很有用，而另一些人则发现独处时间有益。有些人发现阅读经文很有用，而另一些人则愿意沉浸在大自然中。所有这些都有助于发展和保持健康的精神信仰。我们可以找到适合自己的道路，去追寻那些超越自我、更深远且更辉煌的意义、力量与智慧。接触这些意义、力量与智慧，能够为我们带来正确的心态、充沛的能量，以及源源不断的资源。

第九章

原则五 — 成长和适应力

在风云变化中，我们常常发现自己拥有未曾察觉的翅膀。
——叶卡捷琳娜·沃尔特

"选我，选我！"教室里几乎所有孩子都举起了小手，大声喊道。那是2007年，我在大女儿二年级教室做志愿者的情景，看到学生们充满活力的热情，我不禁感到惊讶。不管他们是否知道答案，他们的脸上都洋溢着自信和喜悦。

这种充满活力的景象与我自己的成长环境相去甚远。小时候，我们的课堂安静，只有老师的声音在教室中回响。文化教导我们，不要出风头或引起注意，要低调处理自己的观点，不要轻易公开表达心声。

然而，正是这种安静、内敛的文化背景，让我在踏上异国他乡寻求新机会时，面临更为复杂的挑战。想象一下，移民在异国他乡寻求更美好机会，听起来似乎令人兴奋，令人着迷。然而，现实却描绘出不同的景象，要知道在一个充满挑战的新国家，你要从头开始。从学习一门新语言，到适应新文化，到培养新思维，以及寻找一个接受你的新社区，真是举步维艰。

建立韧性的原则之一意味着以积极成长的心态适应新环境。

关于成长

适应变化并愿意成长，意味着以积极的态度迎接变化、挑战和新环境，并坚信通过努力和学习，自己能够不断提升。我们不必成为超人才能在困境中生存，因为没有人是超人。相反，只有通过持续的学习和改进，我们才能真正茁壮成长。

正如路易斯安那州立大学管理与市场营销教授里昂·C·梅金森所指出的："根据达尔文的《物种起源》，能够生存下来的并非最聪明或最强壮的物种，而是那些最能适应并调整自己以应对变化环境的物种。"（Megginson 1963）。事实上，每个人都以不同的方式面临新的挑战，并需要调整自己以求生存。适应性就是要认识到生活是动态的，意外随时可能发生。同时，它也要求我们有意愿做出调整，以应对突如其来的变化。

与梅金森的观点相似，美国乡村音乐歌手兼电视节目主持人吉米·迪恩认为，我们在面对变化和困难时需要调整自己："我无法改变风向，但我可以调整船帆，最终到达目的地"（Kuehn 2023）。在这个不断变化的环境中，关键在于认识到我们能控制的是什么，而我们真正能控制的就是自己。适应和调整的艺术正体现在这里。接受这一观点，使我们能够以坚韧和乐观的心态应对生活中的不确定性。

迪恩的这句话还意味着，尽管我们并不总是能够控制自己的环境，但我们总是可以控制自己的心态和对挑战的反应。这种心态被称为成长型思维，意味着你相信通过努力和学习，自己的才能和潜力是可以不断提升的。

成长型思维这一概念自从卡罗尔·德韦克（Carol Dweck）出版同名书籍后便广为流行。德韦克解释说，具有固定型思维的人相信他们的能力和智力是固定不变的，因此他们倾向于回避挑战，害怕失败，并在面对障碍时容易气馁。相反，具有成长型思维的人相信通过决心、努力和学习可以不断发展他们的能力。他们拥抱挑战，并将失败视为学习的机会，因此在遇到挫折时能够更具韧性。德韦克鼓励读者将视角从固定思维转向成长型思维，以释放自己的全部潜力，并在生活中取得更大的成功。具有成长型思维的人通过努力工作、积极探索机会并勇于冒险，往往能够取得更多成就，远超那些持固定思维、认为自己能力有限的人。

正如我在关于母亲的章节中提到的，她于1982年进入瑞典一家顶尖研究机构，踏上一段非凡的探索之旅。那一年，她已经44岁；第一次踏足国外，自学的英语水平有限，但通过自我学习和不懈努力，她在新环境中不断进步，并在双相钢领域取得了创新成果。当我24岁来到美国时，尽管有十二年的英语学习经验，讲话时仍感到尴尬和不顺，因此我无法想象母亲当时面临的挑战有多么巨大。

具有成长型思维的人相信自己的能力，因此他们敢于探索，不惧怕变化和挑战。据《哈佛商业评论》指出，移民往往具备成长型思维，因为他们需要在陌生的环境和系统中生存。事实上，"成长型思维"与"移民心态"密切相关。那些愿意为追求更美好的生活而离开家园的人，通常是那些决心自己推动改变的人。移民到一个新国家需要高度的自信，必须相信自己有能力应对变化，并能在到达新环境后适应和应对不确定性（Kelly 2018）。

在生活中，挫折往往会让我们责备自己或他人，使我们感到不知所措，仿佛无法克服这些困难。然而，重要的是要意识到，这些局限往往源自我们固定的信念和思维模式。关键在于转换视角，培养韧性。正如演讲者和作家安妮·格雷迪（Anne Gradey）所指出的："成长型思维培养的是对学习的热情，而非对他人认可的渴望，这改变了我们应对挑战和逆境的方式。具有成长型思维的人更具灵活性、适应性和韧性，因为他们将恐惧作为燃料，将逆境作为催化剂，并以成长作为成功的真正标准"（Gradey 2023）。通过培养成长型思维，我们能够突破内心负面思维的限制，释放自身的全部潜力，不断学习和进步，并从挫折中重新爬起，变得更加强大。

心态

我最喜欢的 TEDx 演讲之一是江嘉的《100天拒绝挑战让我学到的东西》，这场演讲深入探讨了成长型思维（Jiang 2016）。

江嘉是一名创业者，他三十岁时因一次投资项目被拒绝而烦恼。一位加拿大心理学教授的书籍给他深刻启发，该书建议读者进行30天的拒绝挑战，他决定将挑战从30天延长至100天，并拍摄自己学习如何应对拒绝的过程。之后，他每天在博客上记录并分享自己的经历。

第一天，江嘉走到楼下的保安面前，向他借100美元。保安回答"不行"，然后问道"为什么？" 江嘉转身跑开，仿佛在逃避自己的羞耻感。他满头大汗，尴尬不已。当晚，他回放自己的录像，觉得有些滑稽，但同时也感到一些轻松。

第二天，他来到一家快餐店，要求"续加"一个汉堡，并解释说这就像饮料续杯一样。店员拒绝了他的请求，并提到会去问问经理的意见。这一次，江嘉并没有像第一天那样感到难堪。

第三天，他来到一家Krispy Kreme甜甜圈店，要求店员制作奥运五环形状的甜甜圈。他原本以为会被拒绝，但店员竟然花了十分钟的时间，将甜甜圈设计成五环形状。这是他第一次没有遭到拒绝，简直是一个胜利！他在博客上发布了这张奥运五环甜甜圈的照片，瞬间走红，获得超过一百万个点赞。

江嘉受到鼓舞，继续他的实验，其中包括在星巴克做免费迎宾员，在陌生人的后院种植花盆，甚至在德克萨斯大学奥斯汀分校授课。他成功说服了经理、陌生人和教授允许他按照自己的计划行动。后来，他成为一名演讲者，并创立"被拒绝疗法"网站，该网站为人们提供灵感、知识和产品，帮助他们克服对被拒绝的恐惧。通过自己的经历，他希望教导个人和机构如何通过拒绝训练项目变得无所畏惧。

这个故事的寓意在于，重要的是要认识到，拒绝、受挫和失败都是正常的，不应该限制我们对自己的信念。当我们陷入固定思维的陷阱时，会开始相信自己必然会失败，且无法改变现状。然而，江嘉的故事展现了转变思维模式并接受成长型思维的力量。他通过一场具有变革意义的100天实验，决心打破自己信念带来的限制。每一次拒绝，他都勇敢面对恐惧，并发现自己能够坚持并克服挑战。在这个过程中，他意识到恐惧不过是内心的一种感觉，而不是应该控制自己的力量。

江嘉的故事强有力地提醒我们，挫折和失败是成长和自我发现的机会。通过接受成长型思维，我们可以超越自己设下的限制，发掘我们与生俱来的学习和适应能力。这是人类精神韧性的有力证明，同时也展现了相信自身潜力所能带来的变革力量。

另外，讲故事和改变视角可以成为培养成长型思维的有力工具。我在唐纳德·戴维斯（Donald Davis）于2014年发表的TEDx演讲《故事如何改变讲述者》（Davis 2014）中意识到了这一点。

在一个关于他父亲乔的故事中，戴维斯告诉观众，乔在五岁时试图帮家人干活时，不小心砍伤了自己的膝盖。尽管经过医疗干预，他最终还是变成瘸腿人，无法从事任何需要体力劳动的工作。用他自己的话来说，"我成了女孩中的一员"，为自己只能纺亚麻、织袜子而感到羞愧。

从那时起，乔的母亲开始让他一次又一次地讲述自己的故事。年幼且瘸腿的乔并不愿意讲这个故事，因为他认为讲述并不会改变已经发生的事情。母亲告诉他，这确实是事实，但讲述故事会改变他自己。于是，她让乔多次重复这个故事，尤其是让他专注于自己从中学到的道理。

有一天，母亲对他说："乔，今天再讲讲这个故事，并说说你现在能做而你的哥哥们不能做的事情。"突然间，乔笑了，因为他意识到，自己可以待在家里读书，而哥哥们则要在农场干活。他开始觉得砍伤自己的腿可能是他一生中经历的最好的事，母亲说得对——重复讲述故事并没有改变发生的事实，却改变了他对这件事的看法和心态。

由于乔无法从事体力劳动，他必须寻找其他方式谋生。高中毕业后，他进入国王商业学院，学习许多技能。然而，他通过卖袜子和纺亚麻积攒的钱只够支付一个学期的学费。他恳求学院允许他继续学习，直到钱用完。在一个学期内，他学会了商业、簿记和打字，而这些技能通常需要两年时间才能掌握。回家后，一家批发杂货公司聘请他担任专业业务经理。在接下来的二十年里，他抚养了五个弟弟妹妹、寡居的母亲和与他们同住的姨妈。然后，在41岁时，他买下一家小银行，开始了自己的银行家生涯，成为镇上一位成功的商人。大家都称他为"银行家乔"。

每当有人嘲笑他是"瘸腿乔"时，他并不生气。乔不再沉浸在早年的悲剧中，而是以积极的态度向前看。他意识到自己的故事从一个饱受折磨的受害者，变成一个享受生活回报的胜利者。正因为他的残疾，他能够将精力集中在教育上。他明白自己并非不幸、并非残废，他有能力拥抱变化，也有能力学习新技能并适应环境。随着他名声大噪，很多人在申请贷款时都向他寻求帮助。在他新的故事中，他成为一位英雄，因为他学会克服残疾带来的障碍，成为生活中的强者。这种心态的转变不仅让他学会接受事故的影响，不让它决定他的命运，还让他把残疾视为学习和成长的机会，进而在商业和银行业等其他领域取得巨大成功。

我朋友的故事

与江嘉的经历类似，我的许多移民朋友也经历过挫折、拒绝和失败，但令人鼓舞的是，他们中的许多人最终变得更坚强、更有韧性。为了获得稳定的工作并在美国取得永久居留权，许多人勇敢地选择转行，进入高需求量的领域，如计算机科学、量化分析和会计学。他们愿意适应异国环境，并且具备坚定的决心和拥有成长型思维。这不仅为移民本人开辟新的领域，还对硅谷等地区产生了积极影响。这些拥有技能和才华的新移民为高科技行业的崛起贡献他们的专业知识，并推动该地区的创新。比如，AsAmNews 报道称，"移民占硅谷高技术职业劳动力的69%，其中26%来自印度，14%来自中国。其他国家如菲律宾、越南、巴基斯坦等国家的移民占29%。" 这些移民是硅谷经济的重要贡献者（Yip 2019）。

这些移民的故事提醒我们，韧性让人能够坚持应对挑战，而学习和成长的意愿则帮助他们适应变化。正是这两者结合，使他们克服了异国他乡的种种障碍，并取得成功。

● 朱莉娅的故事

我的朋友茱莉亚有一双美丽的眼睛，流露出平静、坚韧和乐观的光芒。她的移民之旅始于二十多岁，从印度移民到美国。她决定将专业从市场营销转向数据库编程，因为这是一个需求量极大的领域。通往美国的道路充满坎坷，伴随着签证拒签和工作变动，但她始终坚持不懈。来美后，由于签证限制，茱莉亚只能在各家公司做合同工，每十八个月就需要更换工作一次。

出生于印度的专业人士，通常需要十年甚至更长时间才能完成绿卡的最后一步（US Department of State 2022）。从2002年她第一次来到美国，到2012年她终于拿到绿卡，茱莉亚花了十年时间换工作，期间她努力保持合法身份，并等待永久居留的优先日期。她说："作为合同工，限制太多了（没有绿卡）。你没有401K退休计划，不能为退休储蓄。你拿不到全额工资，因为中介公司要收取管理费，扣除管理费之后的工资就是一小部分。所以，经济上真的很艰难，你的职业也无法得到成长。"

尽管面临诸多挑战，她展现出令人难以置信的力量和毅力，她没有让这些困境阻碍自己的成长，也没有让它们削弱她对未来的信心。她为自己感到自豪的一项显著品质就是她对知识的渴求和学习能力。她从不害怕新技术，愿意花费大量时间学习新的分析工具。在这些年里，她将数据库管理的知识拓展到定量分析和风险管理领域，尤其是在医疗行业和金融服务领域，成为一名高技能的风险管理专家。从信诺（Cigna）到富国银行，再到嘉信理财，她在每份工作中都全力以赴，倾注她的全部心血和精力。她的努力没有被忽视，赢得了同事和经理的认可和赞赏。

她的故事是持续学习、坚持不懈和成长型思维的有力见证。她激励着所有那些努力追求卓越并在困难中建立韧性的人们。

• 劳拉的故事

劳拉是我三十多年的挚友。她温柔的双眼透过一副眼镜闪烁着光芒，眼镜为她的外表增添了一丝威严。劳拉在上世纪90年代中期从中国移民到美国，开始充满挑战的职业生涯。她拥有理工科本科学位，抵达美国后决定攻读计算机科学硕士学位，希望能够找到一份稳定的工作。然而，在2000年互联网泡沫期间，她遭遇裁员。于是，她决定走上一条全新的道路——进入医疗领域。她下定决心成为一名护士，从最基础的工作做起，并开始学习护理课程。她说："记住那些冗长的医学术语和拉丁药品名称无疑是极具挑战性的。我不得不无数次地背诵它们，每天学习到深夜……"她还要克服目睹鲜血、学习打针，以及面对病人去世等带来的情感压力。做出如此彻底的职业转换，是我无法想象自己能够做到的事情。

她的努力得到了回报，2007年她成为一名注册护士，同时继续攻读更多教育学分。在对家庭和个人成长的奉献的推动下，她深思熟虑地决定上夜班。这个选择不仅让她获得了更高的收入，还让她拥有接孩子放学、做家务的宝贵自由。

时间快进到2020年，新冠疫情席卷全球。在劳拉工作的城市，医疗工作者严重短缺。越来越多的新冠患者涌入医院，许多医护人员被感染或因病毒去世。劳拉不知疲倦地在重症监护室工作，尽管个人防护设备严重不足，她仍在救助病患。劳拉告诉我："我们当时N95口罩和其他防护设备非常短缺，我压力很大。万一我感染了病毒怎么办？万一我把病毒带回家怎么办？每天我都必须格外小心。"尽管面临生死攸关的风险，她依然在疫情期间坚守岗位，致力于服务病人、拯救生命。

尽管劳拉已经年过五十，她并没有让年龄阻止她学习和成长。通过不懈的努力和自我提升，她在2022年12月迎来一个重要的里程碑——她通过了护士执业资格认证。她的适应能力和成长型思维赋予了她强大的韧性，展现出她面对挑战时的坚不可摧。

● 特蕾莎的故事

适应能力不仅仅是指在充满挑战的环境中调整自己，它还意味着保持好奇心，选择最适合自己兴趣和个人成长的方向，即使在充满各种可能性的环境中也是如此。

我的朋友特蕾莎的故事正是一个在成长型思维下开放迎接新机会的见证。她于上世纪90年代末从中国移民到美国，攻读生物学博士学位。经过一年的学术研究后，特蕾莎出于对学术界之外世界的好奇，转而攻读工商管理硕士学位。她很快对市场营销产生了浓厚兴趣，开始了数据库营销的职业生涯，这最终引领她走向她的真正热情所在——数据分析。她从数据库营销专家逐步转型，最终成为人工智能和机器学习领域的领导者。

谈到她的适应能力，特蕾莎把整个过程描述为一场激动人心的
"试错"冒险，她勇敢地探索新的方向。她说："随着时间的推
移，我的领域从数据库营销转向了市场营销分析，然后被称为数
据科学，现在是人工智能和机器学习。我学到，你必须不断学习
和适应变化。结合我的科技背景和商业教育，我能够将两个领域
连接起来，成为这个定量领域中一个独特的复合型领导者。" 她
的卓越历程让她成为公司中的开拓者，并在数据与分析领域享有
盛誉。

适应能力不仅仅意味着强迫自己适应恶劣的环境，它还意味着保
持好奇心，在任何环境中选择最适合自己兴趣和成长的方向，即
便这需要你学习新技能并探索未知领域。特蕾莎成功地从生物学
研究者转型为数据科学家，最终在公司成为人工智能领域的高级
领导者。她的故事充分展示了成长型思维带来的无限可能。正是
她对成长型思维的坚持，以及对知识和其他软技能的不懈追求，
帮助她攀登新的高峰，成为该领域的杰出领导者。

● 尤吉娜的故事

在移民旅程的开始，找到工作和获得永久居留权是许多移民的首
要任务。然而，这并不是旅程的终点，而是实现个人潜力的全新
机会的开始。我的朋友尤吉娜的故事是面对挑战并拥抱变化以推
动职业发展的一个完美例子。

尤吉娜是一名电信公司的营销高管，二十多岁时从俄罗斯移民到加拿大，三十多岁时搬到了美国。她不是工程师，英语也非母语，虽然她面临诸多挑战，她仍在电信行业崭露头角，成为一名高管。在公司升职被拒绝后，她决定善待自己，并专注于重建自信。她说："我重新调整自己的努力方向，开始更积极地参与Chief网络。我想让自己继续成长，学习更多关于产品管理的知识，拓宽关于女性领导力的领域……" 她继续说道："就在我被裁员之前，我实现了一些重要的目标。因此，这次升迁被拒给了我更多学习的机会，比如如何推出特定产品，以及如何成为更好的高管领导者。" 尤吉娜在2022年夏天被裁员。她没有沉溺于失败的情绪中，而是继续提升自己的领导能力，扩展在营销和品牌推广方面的知识。她的坚定决心很快获得回报，不久后她就成功获取一份新的工作，担任一家非营利电信公司的首席营销官。

尤吉娜渴望帮助他人，怀着对移民的深切关怀，撰写了一本名为《无限可能》的书。她出色的适应能力和积极的态度不仅决定了她在多个领域的成功，还激励了周围的许多人。

● 艾米的故事

我的朋友艾米是适应力和成长型思维的另一个绝佳例子。作为金融行业的高级顾问，她的旅程始于六岁时与家人作为难民从越南移民到美国。尽管最初面临语言和文化上的挑战，她在学业上表现出色，最终被一所顶尖的公立大学录取。

多年来，艾米不仅在个人成长和职业发展上不断努力，还承担起支持自己和丈夫家庭的责任。这些家庭成员都是新移民，作为家中第一个从美国顶尖大学毕业的人，她的教育背景和流利的英语使她能够为两个家庭提供大量帮助。从担任翻译角色，到照顾年迈的父母和公婆，再到管理家族生意，她都尽心尽力。面临诸多挑战，她凭借适应力和成长型思维，展现了非凡的力量和韧性。她说道："我们都会遇到困难。挑战自我并走出舒适区能够促进我们的提升，而这些都是成长过程中的一部分。"

艾米始终寻求拥抱新机会，她的下一个目标是帮助丈夫开一家高档餐厅。她计划保留她的全职公司工作，但同时尽力在新领域中学习，包括网页开发，以及与企业运营和谈判相关的法律知识。

艾米秉持终身学习的理念，不断扩展自己的知识和技能。她的历程展现了韧性、决心，以及对持续自我提升的热情，这些都使她充满力量。

- **萨宾娜的故事**

我的朋友萨宾娜于2022年从阿根廷移民到美国，她与我分享了她祖父母近九十年前的惊人故事。这些故事成为她深刻的灵感来源，展现了成长型思维所带来的强大力量。

在充满战争和贫困的1930年代，她的祖父母和外祖父母分别从德国和乌克兰逃离本国，移民阿根廷。凭借辛勤劳动和坚定的决心，他们在阿根廷创造了成功的生活。

来自德国的祖辈抵达阿根廷时，对西班牙语一无所知，但他们勇敢地踏上了这片陌生的土地。尽管面临重重困难，他们表现出非凡的韧性，成为企业家，最终创立了自己的科技公司。同样，来自乌克兰的另一对祖辈最初只会说俄语，完全不懂西班牙语。刚开始时，他们很难理解当地语言。那时，政府为吸引新移民而分配土地，但由于语言不通，他们起初在一位弟兄那里免费工作，而没有意识到他们其实是土地的主人。通过学习西班牙语并辛勤工作，他们最终掌握了自己的土地，在阿根廷扎根，成为成功的农民。

萨宾娜为自己家族的价值观感到无比自豪，尤其是坚韧、适应力和团队合作精神是精髓。如今，作为一名科技高管，她发现自己正在追随祖先的脚步，搬到一个全新国家，开启人生的新篇章。与祖先相比，她认为自己处在一个更有利的位置，因为现代信息和知识更加透明化。面对挑战，她的准备要比祖父母充足得多。不变的是她所传承的家族价值观。成长型思维和坚韧的精神激励她在美国探索更多的选择。她祖父母非凡的旅程就像一座灯塔，鼓舞她不断前行，并让她坚信，只要保持坚定的意志和持续学习的心态，一切皆有可能。

个人的经历

我从小就从父母那里了解到，困难有时对我们是有益处的。爸爸多次提醒我："艰难的环境造就坚强的人，你总能找到解决办法。"简而言之，障碍能够培养人坚强的个性。妈妈也反复向我灌输，韧性源于我们愿意学习并适应充满挑战的环境。"无论你去哪里，都能有所收获。我相信你一定能成功。"

"那些无法杀死你的，只会让你更强大"是19世纪德国哲学家弗里德里希·尼采的名言 (Nietzsche 1889)，这与我的理念一致。我坚信，经历挑战会让我们更坚强。作为一名移民，从踏上美国土地的那一刻起，我就知道我必须更加勤奋、更加聪明地工作，才能实现人生目标。我坚信，无论是专业技能还是个人能力，都没有我无法掌握的。挑战变成机会，我全力以赴去迎接它。对我来说，力量不仅体现在身体上，更源于内心的坚韧与心理上的强大。

- **英语**

尽管我已经在美国生活了二十九年，我依然感到我的英语掌握得不尽人意。偶尔，孩子们会开玩笑说我的英语水平像一个十岁的小孩。我经常发错音，比如"chaos"我曾念成"chows"。潜意识里，我跟随了汉语拼音的发音规则，每次在餐厅点汤时，我都要提醒自己，是"soup"还是"soap"。另外让我混淆的两个单词是"desert"和"dessert"，我会事先在心里默默练习。这就是现在的我，尽管在这个国家生活了二十九年，并且每天使用英语，依然会遇到这些问题。

最开始的时候要困难得多。我记得有一次在餐厅，服务员问我选择"soup or salad？"我听成了"super salad"，就是"超级沙拉"。

我不知道什么是"超级沙拉"，但我决定试一试，于是点头回答："好的，super salad。"

服务员感到困惑，又问了一遍。我重复道："是的，超级沙拉，谢谢。"

他不得不停下来，一个词一个词慢慢问我："女士，您是要汤还是沙拉？"

我终于明白他的意思，感到非常尴尬，回答道："Any，（任何一个）。"我本来是想说"soup or salad"都可以。

我的朋友插话建议我点汤，因为在寒冷的冬夜，热汤可以暖身。我连忙点头说："好的，汤，谢谢。"

我仍然在进步，而且享受这种进步。曾经，写书对我来说是难以想象的事情，因为我的英语水平有限。然而，我相信自己的学习能力，并且通过写书，我可以将自己的英语读写水平提升到新的高度。

- **演讲会**

在移民经历中，我的心态几经改变，逐渐从绝望的受害者转变为自信的胜利者。积极表达自己的观点就是一个很好的例证。在职业生涯中，我常常渴望举手分享我的创新想法，但因为担心沟通不畅导致误解，我总是犹豫不决。每当被分配到一个让我兴奋的项目时，我都会掩饰内心的激动，压抑自己的情绪。

2009年，在加入富国银行四年后，我在几次商业会议演讲中的失败让我意识到了自己的不足。我缺乏自信，沟通能力不佳，这些阻碍了我的职业发展。尽管多年辛勤工作，我的职业生涯依然停滞不前。我开始寻找解决方案，希望自己能像课堂上的七岁孩子那样勇敢举手："选我，选我！"

有一天，我在办公室看到一张Toastmasters俱乐部的午间开放日传单，提到他们会提供免费的披萨。披萨的诱惑让我决定去参加试试。我清楚地记得俱乐部主席的演讲，她讲述了自己作为移民的挣扎。她是一位来自印度的女性，这是她的第十次演讲。她有口音，但她脱稿演讲，并自信满满。我注意到她在演讲结束后若无其事地继续吃披萨……而我心想，如果是我，可能会被紧张得噎住。

现实逼迫我去适应不同文化和语言的新环境，我需要提高演讲能力。我可以选择克服挑战，或退缩回到我的舒适区。那一天的活动为我打开一扇门，让我看到可能性，看到我可以成长的潜力。我决定迎接挑战，提高演讲能力。我报名加入了此演讲俱乐部，开始了一段令人难忘的探索之旅，一段成为更好的自己的旅程，我要变得更加自信、富有热情和更具领导能力。

加入演讲俱乐部给了我提高公众演讲能力的机会。在工作中，我感到更加自信，在商务会议和项目讨论中我开始分享更多的想法和建议。我渐渐获得上司的表扬认可，并在2012年到2019年间在富国银行获得了四次晋升。我不仅在自己的业务线上成为积极发言的团队成员，还在女性领导力社区和亚裔美国人社区中发挥了积极作用。

在此之前，我曾陷入一个无形的恶性循环。我让自己相信，发言是没有必要的——毕竟，我觉得自己是个无关紧要的人，确信自己的意见毫无分量。这种想法导致负面循环：说得越少，我的存在感就越低，别人也越少询问我的想法，我的自信心就越缺乏，我就越少发言。这是一个自我怀疑的负面循环。打破这个循环需要我战胜恐惧。当我逐渐摆脱这些恐惧时，我能够集中注意力并明确自己的想法，从而更自信、更有效地表达自己。这种新的能力推动了我的成长，让我能够发挥自己的真正潜力。

尽管我的孩子们有时会开玩笑说我的英语不好，但她们对我的钦佩却是一个隐藏的秘密。几年前的一天，我无意中听到女儿在电话里对她的朋友说："我妈妈会说两种语言，她还是演讲俱乐部的区域主任。"那一刻让我心里暖暖的。我想让我的孩子们知道，即使到了五十岁以后，我对学习和进步的动力依然强劲。

其实，强烈的学习欲望、不断提升自我以及保持适应性思维是取得成功的关键。

指南

为了培养和保持成长心态，我发现了三种非常有效的策略。

首先，向他人学习并寻求帮助。

和江嘉一样，我也害怕被拒绝带来的自尊心受挫。被拒绝常常让我们觉得自己不够好，但我后来明白，被拒绝并不代表我的能力不足或不值得被帮助。每个"不"的背后都有各种各样的原因。有些人可能不知道该如何帮助我们，所以在我们请求时，他们无法伸出援手。其他情况下，他们的资源有限，无法给予我们帮助。有时，也可能因为对请求的误解而导致拒绝。但这并不值得难过，我们不应该让别人的拒绝影响我们的感受。被拒绝是生活的一部分，不应该动摇我们对自身价值的认同。

我们向别人提出请求的方式可以分为三种：一是询问信息，二是寻求帮助，三是进行谈判。

- 询问信息可以帮助我们获取所需的资料，从而更好地澄清问题并达成我们的目标。

- 寻求帮助使我们与他人建立联系，让我们在追求梦想的过程中不再孤单。

- 谈判帮助我们向他人表达想法，并找到彼此的共同点。

我曾经不愿意开口向别人提出请求。由于害羞和尴尬，我认为寻求帮助意味着脆弱，觉得只有弱者才会这样做。向别人提出请求总感觉是在麻烦他人，因此我不愿给别人带来不便，也不希望他们觉得我是以自我为中心或自私。

在得到他人帮助后，我逐渐意识到向别人提出请求的力量。当我鼓起勇气，克服害羞去寻求帮助时，我得到了来自各方的支持和资源。我发现许多人确实乐于助人。例如，当我在路上问路时，大多数人都很友善地为我指引方向。我们愿意帮助他人，在帮助他人时，我们感到有成就感。我渐渐意识到，每个人都会有需要帮助的时刻，这十分正常。我们的脆弱正是人性的一部分，因为我们作为社会成员，相互依存。"寻求帮助是软弱的表现"的观念不正确，寻求帮助是我们共同旅程中不可或缺的一部分。

其次，让自己被鼓舞人心的人围绕。

当生活突如其来地改变、计划被打乱时，我们很容易感到挫败。我们会丧失信心，或陷入自怜，这是再自然不过的反应。在这样的时刻，家人和朋友的支持变得尤为重要。他们的鼓励成为我们急需的生命线。因此，建立一个积极的朋友圈至关重要。这些朋友不仅会提供有价值的建议，还会给予我们情感支持。当我们置身于这些鼓舞之中时，我们就建立起一个强大的支撑体系，提醒自己在人生旅程中并不孤单。

第三，将拒绝和失败视为学习经历。

在人生旅途中，遭遇拒绝是常态。关键在于我们如何选择应对，因为我们的反应往往决定了成败。将被拒绝视为学习和成长的机会，才是成功的真正秘诀。

最终，具备适应新环境能力并秉持成长型思维的人，才能充分发挥自己的潜力。他们能够不断调整人生的航向，以韧性和决心应对生活中不断变化的潮流。这正是通过个人力量和自我赋能来培养韧性的核心所在。

第十章

原则六 — 社区和联系

独自一人，我们能做的很少；团结起来，我们能成就更多。
——海伦·凯勒

"你有多少个口罩？"我在电话里问朋友。

"两盒，每盒50个，一共100个。但这些都不是 N95口罩。"朋友犹豫道。

"没关系。我现在就去你那里取。谢谢！"我挂了电话，心里很满足。

2020年3月，政府因新冠病大爆发宣布居家令。两周后，听到凯撒医疗机构的医院口罩用尽的消息，我和三个朋友立即行动起来：通过微信群号召华人社区捐口罩。伯克利周边的千余名华人朋友纷纷响应，我们这四位组织者被大家的爱心行动深深感动。仅一个周末，我们就齐心协力筹集了一万六千美元，和三千多个口罩，其中包括 N95 口罩和 450 个手工制作的口罩。

但我们并没有就此止步。接下来的两个月里，继续不懈努力，收集并捐赠了数千个口罩和个人防护装备（PPE）给有需要的组织，包括医院、警察局、消防部门、无家可归者收容所等。我听说旧金山湾区的所有华人社区都组织了类似的捐赠活动（Ma 2020年）。大家心甘情愿为社区中有需要的民众提供帮助。后来，我还听说，全国各地的华裔社区在疫情的早期高峰时，尽管面对反亚裔的偏见，仍然积极参与疫情救助（CBS News 2020）。

这些募捐活动使很多人受益。众人拾柴火焰高，在危机时刻，我们可以携起手来，以积极的行动面对挑战。

建立韧性的重要原则之一就是与身边的支持群体和社区保持联系。这意味着依靠彼此，找到穿越困境的力量。

关于社区和联系

建立联系意味着我们与家人、朋友和社区建立牢固的关系，这联系提供给我们依靠感、归属感和使命感。

在大自然中，动物为了生存常常成群生活，抵御恶劣天气，彼此保护，免受捕食者的攻击，并共同抚养后代。甚至连树木也依赖彼此，例如红杉树。在《你有怎样的根系？》一文中，护士兼约翰·麦克斯韦尔认证教练苏珊·威廉姆森 (Susan Williamson) 描述了红杉树令人难以置信的根系，"在这些巨大、高耸、如雕像般的树木下面，隐藏着如同一群士兵的根系，互相扣住手臂，彼此支撑和保护，防止生活的逆境将树木击倒。它们还确保有足够的养分供彼此继续生长"（Williamson 2023）。

我一直对高大而强壮的红杉树之美充满着敬畏之情。但让我惊讶的是，他们坚韧的秘诀其实在于他们相对较浅的根。我不禁好奇，这些宏伟的巨人如何仅凭浅浅的根系，在狂风暴雨中依然屹立不倒？令人惊叹的是，红杉树之所以高耸挺拔，并不是仅凭它们单独的力量，而是依靠团结的力量。它们的根系彼此交织，形成一个强大的支持网络。通过共同的力量，它们获得的坚韧远远超过任何一棵单独的树所能达到的。

我们家在1976年唐山大地震后所得到的支持，正是社区力量的生动体现。和邻居们一起，我们迅速搬进了用木棍、竹竿和塑料布在街上搭起的临时地震棚。这是集体努力的结果，我们每个人都积极参与。住地震棚的那段日子里，我们一起做饭，分享食物，并肩而眠，孩子们一起玩耍。后来，当父母送我和哥哥去石家庄时，舅姥姥一家和村里的邻居都热情地接待了我们。我们的社区就像强大的红杉树，团结在一起，坚强而有韧性。

正如动物和树木一样，人类在进化过程中学会了在危险时彼此依赖以求生存。作为个体，人类相比于野外的其他动物显得弱小——

我们的速度和力量远不及狮子或老虎；然而，即便是像狮子这样强大的动物，也依赖群体生活！我们人类同样通过相互依靠来应对生活中的挑战并取得成功。面对掠食者的攻击时，我们依赖彼此进行防卫；在饥饿和虚弱时，我们相互提供食物和庇护；在生病和受伤时，我们彼此照顾。人类天生便是为了通过相互连接和依赖来生存与成长。从生物学的角度来说，我们需要这种连接，就像我们需要食物一样。布莱恩·帕克赫斯特（Bryan Parkhurst）和基思·塔文 (Keith Tarvin) 在奥伯林汇合中心的《论作为社会性生物》一文中所说，"人类是社会性生物。我们在家庭中与家人共处，在工作中依靠团队，在社会中通过宗教团体找到职责和使命感，通过经济和政治联盟协作。我们的社会规范由文化塑造，而文化本身是群体生活的自然产物"（Parkhurst and Tarvin 2021）。

当我们面临生活挑战时，支持群体为我们提供宝贵的资源和解决方案，同时不断提醒我们，在生活中并不孤单。朋友的倾听、关怀和陪伴，就像是风暴中的温柔避风港。正如美国心理学协会在《培养韧性》中所指出的："与富有同理心、理解你的人建立联系，可以提醒你在困难中并不孤单。寻找值得信赖和富有同情心的人，他们能认同你的感受，并帮助你培养韧性"（American Psychological Association 2020）。当我们与善良的人分享我们的脆弱时，他们会以同情心和理解为我们提供支持。这种深层的联系为我们提供了所需的情感支持，并帮助我们释放压力。

然而，由于生活节奏的加快以及对社交媒体和屏幕的依赖，我们常常陷入一种割裂感之中。正如布莱恩·霍莱特（Brian Hollett）和阿里·列维（Ari Levy）在《割裂的连接：现代时代的孤独》（"Disconnected Connection: Loneliness in Our Modern Era"）中所指出的，虽然人类的生理在过去千年里没有发生太大变化，但人类互动的方式却大不相同（Hollett and Levy 2020）。现代数字技术让我们几乎随时随地都可以与朋友和同事即时联络，但这些技术也可能阻碍我们与他人进行高质量的交流。我们在社交媒体上拥有数百个朋友，却似乎没有一个人能与我们深入交谈，探讨生活中的实际问题。一项由健康保险公司信诺（Cigna）进行的最新研究显示，在对2万名美国成年人进行的调查中，近一半的参与者表示他们在与孤独感作斗争（Cigna 2018）。

在另一篇名为《孤独如何影响健康》（"How Loneliness Affects Health"）的文章中，杜克大学神经学和神经外科副教授、医学博士凯瑟琳·彼得斯（Katherine Peters），深入探讨了这一问题。她指出："孤独感会改变大脑的神经化学机制，关闭多巴胺神经元的活动，而多巴胺神经元负责触发奖励反应。当奖励反应未被激活时，大脑会发生一定程度的退化"（Colino 2020）。

我们可以从红杉树的例子中汲取灵感，如果只有一棵树孤立地站在那里，浅浅的根系很容易被微风威胁到稳定性。人类也是如此：当我们在艰难时刻与他人连接时，力量倍增。在这个快节奏、瞬息万变的世界中，虽然技术带来了便利，但我们也需要停下脚步，反思如何找到平衡。珍惜那些为我们提供支撑的连接，培育那些真正重要的关系，对于我们来说尤为重要。

个人的经历

有句老话说："在家靠父母，出外靠朋友。" 我父母从小就明白，没有他人的支持，无法独立生存。因此，他们一直努力建立新的人际关系，同时维系与家人朋友之间的旧有关系。在资源匮乏的年代，朋友送来的一碗米饭可能救人一命。拥有联系不仅能让我们在脆弱时获得物质和情感支持，还能帮助我们更好地实现目标和梦想。

早年，我们生活在一个联系紧密的社区，与邻居的关系非常亲密。我们的公寓单元（即单间公寓）与另一个家庭共用厨房和卫生间，这个共享空间使我们两个家庭建立了深厚的友谊。一个星期天的早上，妈妈出去买菜的时候，隔壁邻居探出头来，表情有些犹豫："能不能借我一块钱？"

妈妈的声音充满了真诚的歉意："对不起，我这个月只剩一块钱了，正出门给孩子们买馒头呢。"

邻居很兴奋："要不也给我们买两个油饼吧？我们已经没钱了，没有东西给孩子吃了。明天我拿到工资后就还给你。"

应她的要求，妈妈给她带回来油饼，为邻居提供了及时的帮助，而邻居在以后的岁月里感激不已。这些都是常事。

我小的时候，妈妈经常带我和哥哥去看望她的姑姑，也就是我的姑姥姥，她是妈妈在北京唯一的近亲。我们看望她，她总是热情地招待我们，很珍惜我们的陪伴。她请我们吃美味的炸薄脆、酸奶、山楂糕、糖耳朵。即使到了月末手头紧的时候，妈妈也会从我的储蓄罐里借钱付车费——那些钱是我通过回收酱油瓶攒起来的硬币。她从不犹豫，因为和姑姥姥的这份亲情对她来说无比珍贵——还有什么比和亲人在一起更重要的呢？

爸爸有写信和寄贺卡的习惯。每逢节假日，他都会花好几天时间给朋友、亲戚和同事写信、寄卡片。十二月通常是他最忙的时候，他整整一个月都在写信。我曾对他说："谁会在意您的卡片和信呢？他们看完就扔掉了。"他却回答："我会在意。我永远不会忘记他们的好意。"于是，他坚持用这种方式表达他的感激之情。

近些年来，我提醒他："爸爸，现在人们用电子邮件或短信互相问候，或者发电子贺卡。"他对这个想法很感兴趣，便让我教他如何发送电子贺卡。虽然他学会了，但没过多久，他又回到了写亲笔信的老习惯。当我问他为什么时，他说用笔写字更能表达感情，而通过邮寄实物卡片和信件更能体现对收件人的尊重。况且，他的朋友们不太懂技术，也不喜欢用电子邮件。我也逐渐同意他的看法，当我收到朋友亲笔书写的卡片时，会感到更受重视。

妈妈通常在旁边帮忙，有时会添加一些新名字，提醒他记得提到亲戚孩子的名字，或检查名单，确保他们打算写信的人都涵盖在内。他们都很享受这个过程。后来我了解到，写感谢信不仅能让收信人感受到温暖，也能让写信人感到快乐。既然向他人表达感激有助于提升身心健康，也难怪他们总是那么快乐。

● 新朋友敞开大门

像许多移民一样，我来到美国时一切从零开始。从食物、衣服、住房到气候、语言和文化，一切都是全新的。原有的支持系统消失了，我必须建立新的关系网。那时候，我不知道如何寻求帮助，不知道谁愿意提供帮助，也不知道是否可以相信陌生人。我很幸运能够认识贝丝，我的第一个美国朋友。我是在一家非营利组织实习时认识她的，她当时在那里担任办公室经理。"Lucy，你很聪明，你很成功，你将会更加成功。"这是我去加州大学洛杉矶分校攻读研究生之前，她对我说的话。我很感激能有贝丝这样一位多年来始终相信我的朋友。正是因为她那坚定的信念，我看到了自己的潜力，而她对我的信任也激励我相信自己的能力，在我心中点燃了奋斗的火焰。

随着我不断在职场中攀升，寻求经理、同事和导师的支持，社交网络的重要性变得愈加显著。在过去的二十九年里，我在美国担任了七个不同的职位，其中四个工作是通过朋友的推荐获得的。

● 老友如金

除了结交新朋友，我也非常珍惜与老朋友的关系。老朋友了解我的过去，而且在我需要时总能伸出援手，给予支持。我们通过共同的经历和回忆建立的纽带经受住了时间的考验，在我们心中占据着特殊的位置。

"你可以教我如何使用微信付款吗？"我急切地问我的朋友苑。那是2017年，离前一次去北京已时隔五年。我每一次回国，都为家乡发生的巨变而欣喜。从食物、衣着、交通、基础设施、建筑到服务、科技和文化，每次的变化都让我目不暇接。这次也不例外。商场、电视和商业广告中层出不穷的精美新产品常常让我眼花缭乱。然而，最令人惊讶的是科技的飞跃。我从未想到微信不仅是一款社交工具，还是中国领先的移动支付系统之一，可以在线支付账单、实体店消费，甚至进行点对点的转账。携带钱包的日子仿佛已经成为历史。

"当然！我来教你。"苑笑着回答。就像三十年前，当我们准备化学工程期末考试时，她花了整个晚上一步一步帮我复习。

苑是我大学时代最珍视的七位挚友之一。那时在中国，我们不能选择室友，我们八个人被分配到同一大学宿舍。这种偶然的安排逐渐演变成一段牢固而持久的友情，彰显了真正友谊的力量。正是这种长期的友谊，我们相互之间找到了安慰、理解和深厚的联系感。我们曾开玩笑地谈论在退休后要再次搬到一起居住。

尽管我们现在分散在北美和中国的不同城市，我们依然通过微信或真挚的电话保持联系。每当我去到她们所在的城市，都会尽量和她们见面，分享美好的时光。她们的陪伴总能让我焕发活力，唤起对青春的怀念。我总是找各种理由向她们寻求帮助，时不时地"打扰"她们。2018年，当我的另一个大学挚友文得知我将前往北京时，她热情地邀请我和女儿去她的家乡游玩。她的温暖邀请让我无法拒绝。但我不得不承认自己对中国国内机票预订系统不太熟悉。毫不犹豫地，她为我们在线购买了机票，并详细告诉了我们航班信息。旅行当天，她在机场迎接我们时，温暖关爱的友情激动着我的心，我们之间的友谊地久天长。

老朋友时刻提醒着我们曾经的样子，也见证了我们如何一路走到今天。在人生的起起落落中，与老朋友保持友谊成为一种牢固的爱索，支持我们人生的旅途，带给我们欢笑和归属感。

我的朋友黛安曾经分享道："与拥有强大社交关系的人相比，那些感到孤立的人面临着更加严峻的挑战。我在我的朋友和家人中亲眼目睹了这一点。"黛安承认社交媒体和互联网作为联系工具的实用性，但她指出一个日益增长的趋势：人们虽然在虚拟世界中连接，却缺乏实质性的人际互动。她解释道，"一系列快速短信、Facebook 帖子和 Instagram 滚动条，这些不能代替真正的面对面对话。" 幸运的是，黛安每年会和她的两位好友度几次长假，每周还会进行长达一小时的电话聊天。她回忆起离婚期间的一段艰难时期，并深深反思道："我当时真希望自己能更多地依赖朋友和专业人士的帮助。"她希望自己当时能更多地向朋友和专业人士寻求支持。

我人生中最艰难的篇章之一是在2022年1月父亲去世后展开的。在这段悲伤的时光中，涌来了温暖人心的慰问。朋友们通过短信、卡片和真挚的信件表达了他们的支持。由于当时仍处于新冠疫情中，组织追悼会并不容易，各种限制使得安排变得复杂。然而，在这艰难的时刻，一群朋友像夜空中的明星一样闪耀，为我指引方向。他们齐心协力，策划了一场结合线下和线上纪念的追悼会，并同步进行了直播。每个朋友都承担不同的角色——有的负责准备茶点，有的负责设备的安排，还有的精心策划整个程序和接待工作。追悼会当天，约有一百位朋友线上线下参与，和我们一起为父亲送行。在众多的花篮中，两个特别引人注目的花篮上写着"富国银行的朋友们"。这些花篮来自我之前工作单位的老同事，格外触动我，尽管我已离开公司两年，他们坚定不移的支持和体贴的关怀深深打动了我，令我的心中感到无比温暖和慰藉。

指南

如何建立联系、融入社区、减少孤独感？我们可以采取多种方式。我通常有意采用以下策略与他人建立联系：

首先，参加社区活动，结交新朋友

主动结交新朋友是建立关系的一种方式。这为我们提供了一个展示自我，并找到与我们性格和兴趣相契合的新朋友的机会。

我有一位朋友曾经非常害羞，她意识到自己需要改变，就给自己定下一个目标，即承诺在每次活动中主动与三位陌生人交谈。刚开始时她感觉有些尴尬，但随着时间的推移和不断坚持，她变得越来越放松和自信。在三个月的时间里，她结交的朋友比过去三年还要多，其中一些关系甚至发展成了亲密的友谊。

在聚会上接近陌生人确实可能让人感到有些尴尬，尤其是在涉及政治、宗教或种族等敏感话题时。为了更轻松地破冰，我发现以下几个问题既安全又有趣：

- 你最喜欢的电影或书籍是什么？
- 你最喜欢什么运动？
- 你对 ＿＿＿＿＿＿＿＿＿＿＿ 有什么建议？（这个话题应该是中性的，比如买车、学习一门新语言、去一个新地方旅行、乘游轮、举办派对、指导年轻人、在非营利组织做志愿者等。）

根据对方的回答，你可以自然地继续提问或分享与他们答案相关的想法。这种方式能够促成有趣的对话，进而激发持久的联系。

其次，参与志愿服务

参与社区服务不仅能为有意义的事业贡献力量，还能让你结识一群志同道合的人，他们同样热衷于社区建设，并带来积极的影响。志愿服务往往能够促成有意义的联系和友谊。我发现带着孩子一起参与志愿活动非常快乐，比如在食物银行、老年中心和无家可归者收容所（如湾区救援使命）做志愿者。通过这些经历，我不仅为社区做出贡献，还与那些有着相同慈善价值观的家长们建立了深厚的友谊。

第三，加入社交或专业网络或俱乐部

另一个建立联系的途径是加入社交或职业网络。这样可以让你连接到更广泛的社区，扩大社交圈，并获取新的资源。

正如"成长"一章中提到的，我于2009年5月加入了旧金山金融区Stagecoach Speakers演讲俱乐部。这个经历不仅让我克服了沟通方面的不足，还帮助我扩展了朋友圈。俱乐部里的每位成员都非

常友好，乐于助人。近一半的成员都是非母语者，这让我感到更加安全、轻松和有归属感。他们给我的演讲进行回馈，这帮助我逐步提高公众演讲能力，增强自信，并提升我的领导能力。2015年12月，我荣获演讲会项目中的最高荣誉——卓越演讲会会员奖（DTM）。俱乐部成员的热情支持在我取得这一成就和建立自信的过程中发挥了至关重要的作用。

演讲会让我跳出舒适区，挑战自我。我不仅在女儿的小学担任两年的家长教师联谊会（PTA）主席，还在演讲会中担任俱乐部官员和地区官员。在这个过程中，我的朋友们一直为我加油，尤其是在我赢得地区和分区演讲比赛冠军时为我欢呼。我的成功与他们坚定不移的支持密不可分。

另一个我喜欢的社交组织是 DragonMax，这是一支由不同年龄、背景和生活经历的人组成的男女混合龙舟队。这支队伍不仅提供每周的训练，还让队员们有机会随时使用团队的小型船队进行皮划艇活动。

此外，我很高兴成为 TG 跆拳道馆的一员。经过四年的练习，我已晋升至黑带级别。在这段跆拳道之旅中，除了武艺上的成长，跆拳道馆还让我结识了许多朋友，无论是同伴还是敬业的教练们，都给我带来了深厚的友谊。

在新冠病毒大流行期间，由于远程工作的孤立感，我十分渴望能像疫情前那样与同事和朋友建立联系。尽管有线上会议，真正花时间与他人深入交流却变得非常困难。除了保持演讲会活动，我还于2021年加入了Chief Network，并成为旧金山分会的创始成员之一。Chief 是唯一专注于连接和支持女性高管领导者的私人会员网络。在这里，我有机会结识了许多优秀的女性领导者，并从她们的励志故事和卓越的领导力中汲取了巨大的灵感。

第四，维持旧日友谊

维系老朋友的友情至关重要，这需要投入时间和精力。重新恢复这些关系是一个既充实又值得投入的过程。我更喜欢通过电话联系，因为电话可以进行更加亲密的对话。在电话中，我们可以互相分享近况，交流脆弱的时刻，坦诚寻求帮助与支持。毕竟，任何关系都需要细心的培养才能蓬勃发展。

第五，利用在线平台

如今，科技让我们更容易与家人、朋友和熟人保持联系，尤其是与那些长时间未联系或远在他方的人。比如，我的家人每周通过Messenger或FaceTime进行家庭通话。在居家隔离期间，人与人之间的连接变得尤为重要，因为我们都在适应居家工作和学习的生活方式。像Zoom和Google Meetup这样的平台也成为了不可或缺的工具。

在线平台可以成为建立联系的有效途径，这些联系可能逐渐转变为线下互动，尤其对内向者非常有帮助。对于残障人士来说，在线平台可能是为数不多的与他人建立联系的途径之一。它提供了多种好处，包括获取信息和资源、虚拟支持社区、远程无障碍访问、就业机会以及工作灵活性。

第六，练习积极倾听

在与他人互动时，我们应专注于做一个积极的倾听者，展现出对他人经历和感受的真诚兴趣。我们要专注于对话，提出开放式问题，并表现出同理心。真诚的联系建立在相互理解的基础上，开放的心态有助于思想和情感的交流。

第七，敢于寻求帮助，并勇于发声

寻求帮助是与他人建立联系的好方法。这是邀请他人进入我们的生活，成为我们人生旅程的一部分。谈判也是寻求帮助的一种方式，谈判可以是争取工作机会、请求升职，或者申请参与新项目。作为一名移民，我以前不知道自己可以要求升职，因为我相信努力工作和尽心尽职就足够了。后来我意识到，主动要求晋升比被动等待更为有效，因为这不仅是向上司表达我应得的晋升，还表达了我愿意承担更具挑战性的角色和责任。即便被拒绝，这也能为未来的晋升创造机会。讨论晋升的具体问题使我能够更清晰地了解自己当前的工作状况和未来的发展方向。

寻求帮助是一门艺术。你需要真诚、具体并保持好奇心。同时，你还需要学会妥协，并找到共同点，这些都需要不断练习。像任何语言表达技巧一样，练习得越多，信心就会越强。《The Art of Asking》的作者阿曼达·帕尔默（Amanda Palmer）在书中说道："带着羞耻感寻求帮助意味着：你掌控了我。带着傲慢寻求帮助意味着：我掌控了你。但带着感恩之心寻求帮助意味着：'我们有能力互相帮助'"（Palmer 2014）。

另外，作为亚裔美国人，我观察到亚裔社区在面临心理健康问题时往往不愿意寻求专业帮助。美国心理学会发布的一篇文章《亚裔美国人的心理健康》指出，美国普通人口中有18%的人寻求过心理健康服务和资源，而只有8.6%的亚裔美国人这样做。一项相关研究发现，美国白人利用心理健康服务的比例是亚裔美国人的三倍（Nishi 2012）。亚裔美国人可能比其他群体更害怕因为心理障碍而被贴上负面标签。羞耻和尴尬迫使许多人在沉默中挣扎，永远不去寻求帮助。现在是提高意识的时候了：我们每个人都需要他人的帮助，尤其是向专业人士寻求支持，这其实是一种坚强的表现。

寻求帮助还包括在某些领域雇用专家或专业人士，例如人生或职业教练、大学顾问、私人教练等。当我们在人生中感到困惑或绝望时，没必要等到深陷抑郁或病情严重时才寻求帮助。

畅所欲言也很重要，因为它可以让我们清新表达自己的价值观。畅所欲言可以让我们建立信心和提高沟通技巧。它不仅表明我们有足够的勇气与他人分享自己的想法，也表明我们愿意展现自己的脆弱。它帮助我们与他人建立联系，共同构建一个社区，这个社区可以在我们人生的困难时期为我们提供支持和资源。

人类是社会性动物，与他人建立联系是我们天性使然。在困难时期，我们不能仅凭个人的坚强来克服挑战，往往需要依靠他人的支持来战胜困难。因此，我们需要建立联系，拓展人脉，培养良好的人际关系。单靠网络社交关系是不够的；面对面的交流往往能促成比线上互动更高质量的沟通。

第十一章

原则七 — 简单的生活

简单是终极的复杂。
——列奥纳多·达·芬奇

"我小的时候，这里你看到的所有东西都不存在。" 我手指厨房对六岁的女儿说。这是几年前的事，当时，她正在做一项学校作业，就是比较现在的孩子和他们父母小时候拥有的东西。我继续列出各样电器，"我们那时没有烤箱，没有电炉，没有烤面包机，没有搅拌机，没有洗碗机，没有微波炉，没有冰箱……"

她就急切地打断我："没有冰箱？那怎么储存食物？怎么保存冰淇淋？"她好奇的眼睛睁得大大的。"我知道啦。可怜的妈妈，你小时候还没有发明冰淇淋；冰箱也没有发明呢。"

"那倒不是。" 我苦笑了一下对她说，"冰淇淋很早就发明了，只是我们那时没有。我直到长大后才知道有冰淇淋这回事。街上只有一些老奶奶卖冰棍儿……我们也不需要储存食物，因为几乎没有剩饭剩菜。"我回答着，心中想着我们那时的生活是多么简单，既简单又纯粹。那感觉如此不真实，却又仿佛发生在昨天。

建立韧性的原则之一是过简单的生活。这意味着拥抱一种注重必需品、知足常乐、优先考虑最重要事情的生活方式。

关于简单的生活

简单生活有两个层面。一个是放下多余或不必要的物品，另一个是专注人生经历，专注重要的人际关系，以及追求个人目标，而非屈从于社会压力。

过简单的生活要求我们转变视角，珍惜人生经历胜过拥有物质财富；过简单的生活还意味着重视有意义的关系胜过表面的交往，以及关注个人的幸福感而非持续的忙碌。它提醒我们重新与大自然连接，欣赏生活中的小确幸，并在宁静与简约的时刻中找到满足感。

简单生活有助于培养韧性，因为它重视恒久适应力，帮助我们塑造新的思维方式和生活方式。简单生活让我们卸下精神负担，培养心理健康。想象一下，当我们背负重担时，很难在漫长而艰辛的旅程中前行。这些重担分散我们的注意力和目标，给我们的身心增加负担，并削弱我们在起伏坎坷中前行的力量。

简单生活意味着清理我们的物理空间，放下那些不再对我们有益的过多物质，并拥抱极简主义。简单生活还包括限制我们的承诺和义务，从而为休息、反思和有意义的联系创造更多的空间。

然而，我们生活在一个充满丰富物质和新产品的世界里，因此很容易陷入追求更多物质和即时满足的生活方式。我们难以抵抗铺天盖地的广告浪潮，这些广告充斥着电视、广播和社交媒体。我们常常会与他人比较，然后购买更新、更时尚、更漂亮的产品。根据路透社发表的一篇文章，"大多数女性拥有十九双鞋——有些是偷偷的拥有。"ShopSmart购物杂志对1,057名女性的调查发现，平均每位女性拥有十九双鞋，而她们每年平均购买四双新鞋（Goldsmith 2007）。

由于追求即时满足，繁忙的工作日程或生活方式常常让我们依赖速食或加工食品来填补饥饿感。的确，科技让我们摆脱了诸如手洗衣物和餐具等繁琐家务，但并非所有的进步对我们的身体都有益。根据Market Place发表的一篇文章《加工食品占美国饮食的70%》，虽然科技使食品生产变得更高效，但也推动了加工食品的生产，这些食品现已占据大多数美国人饮食量的70%（Ryssdal 2023）。

过多的物质欲望使我们的生活变得复杂而艰难。我们需要意识到这种生活方式的负面影响，就是它不仅给我们的身体带来风险，还使我们感到压力重重。正如一句无名格言所孕育的智慧："让你的生活充满各样经历，而不是各样物品。你要拥有精彩的故事，而不展示你拥有的各色财物。" 这句话在我心中产生了深刻的共鸣——经历比物质带给人更大的满足感。康奈尔纪事报的一篇文章指出："购买物品带来的快乐会逐渐消退，而购买体验的乐趣会持续增长"，并认为生活体验比购买物质更加令人满意（Lowery 2010）。一味追逐物质主义既压力重重，又缺乏意义。

互联网和先进科技带来的干扰也让生活变得更加复杂。尤其是社交媒体的使用，驱使我们投入大量时间，不知不觉中迷恋于发布内容和与他人比较。我们因为对虚拟世界的依赖，反而与朋友和家人逐渐疏远。心理学今日的一篇文章《技术使用、孤独和隔离》指出，对技术的强迫性依赖可能导致孤独和脱离感，并影响我们的身心健康（Tahmaseb-McConatha 2022）。

近年来，"FOMO"（错失恐惧症）这一术语变得流行起来。根据"心态很好"杂志，错失恐惧症指的是一种感觉或认知，即他人似乎在过得更快乐，享受更好的人生，体验更美好的事物。这种情绪通常伴随着强烈的嫉妒感，并影响自尊心，而这一切都源自于对社交媒体上分享的生活和比较的痴迷（Scott 2022）。

过简单的生活让我们能够更深刻地与自己、他人以及周围的世界建立联系。它意味着放慢脚步，活在当下，并培养有意义的关系。建立健康的关系是过简单生活的一个重要方面。健康的关系意味着你感到真正的连接、被欣赏和被支持，而不是在竞争、比较或在社会压力下行事，或为了个人利益而交往。

过简单生活还意味着深入与我们的价值观建立联系。价值观是建立坚韧性格的坚实基础。然而，近年来流行的"打工文化"（Hustle Culture）却使我们与核心价值观脱节。社会工作博士奥尔加·莫利纳（Olga Molina）将"打工文化"定义为对生产力的过度关注、过于追求野心以及为成功不惜一切代价。这种文化导致忽视休息和身心健康，最终造成工作与生活的失衡（Molina 2023）。繁重的需求和忙碌的日程会使我们忽略那些真正重要的事物。在追逐物质财富和成功的过程中，我们会渐渐迷失人生更深层次的意义和目的。金钱、职位和头衔只能带来表面的满足感。如果我们以这些来定义自己，就会陷入追求认同感、社会地位和自我价值的陷阱，最终可能导致虚荣和内心的空虚感。

在《失落的连接》一书的"第三个原因：与有意义的价值观脱节"一章中，作者约翰·哈里（Johann Hari）写道："几千年来，哲学家们指出，如果你过于看重金钱和物质，或者你主要从他人眼中的形象来思考人生，你将会不快乐。"

书中还提到，心理学家知道，有两种不同的方式可以激励你早晨起床。第一种方式被称为内在动机，这是指你做某些事情纯粹因为你本身重视它们，而不是为了从中获得什么回报。第二种方式被称为外在动机，是指你做某些事情并非因为你真正想做它们，而是因为你会得到某种回报——无论是金钱、钦佩、性，还是更高的社会地位。哈里指出，在追求内在和外在目标时，我们需要达到适当的平衡，以避免因为物质主义价值观而导致的抑郁和焦虑。远离无意义的价值观，会对个人的心理、情感和社会福祉产生深远的影响（Hari 2018）。

个人的经历

尽管我们小时候并没有多少物质财富，我并不觉得那时生活艰难。因为我有爱我的父母，他们给了我一个充满爱的家。另一个原因是，我们的邻居家境相近，生活水平和吃穿用等方面都十分相似。此外，我们还有一个紧密相连的社区，邻里之间关系密切，彼此都熟识。这些情感上的支持弥补了物质上的不足。

妈妈每天都会为我们准备同样的食物：米饭或馒头，一道蔬菜，比如西红柿或白菜，加上盐和酱油。就这样简单。你可能会想："哇，这多健康啊！"其实不然，我们那时候很瘦，总是觉得饿。鸡蛋可能是我们当时唯一能获得的蛋白质。我们一周可能会吃一次猪肉，而好一点的肉只在节日时才能通过肉票（配给卡）买到。妈妈每天早上都会给我和哥哥各煮一个鸡蛋，但她自己却舍不得吃，为的是省钱。你可能会想："谁爱吃鸡蛋啊？"但那时候鸡蛋是非常珍贵且美味的。

那时候的做饭都是从头开始的。比如说，如果我们想包饺子，首先要从和面开始，然后手工做出饺子皮。这是一个既漫长又复杂的过程，需要技巧和耐心。烹饪只是简单生活的一方面。洗衣服也很费劲，因为直到1990年代我们才有了洗衣机。我大概六岁时就学会了手洗衣服。我们用搓衣板搓洗衣物，之后将衣服挂在阳光下晾干。那时候也没有汽车，所以我们不是步行就是坐公交车。后来，我在十一岁时学会了骑自行车，因为自行车当时已经成为居家的奢侈品，骑车在1970年代末成为新时尚。

我很享受我们简单的生活，食物虽然稀缺，但却是新鲜有机的。直接从锅里端出来的热气腾腾的馒头是我的最爱——温暖、柔软、美味。当我把馒头凑近鼻子时，能闻到麦子的香气。小心地咬上一口，麦芽糖的甜味在嘴里回荡，质地像棉花一样柔软。一口下去，仿佛全身都得到了满足。晒干的衣服闻起来清新、干净又暖和。直到今天，在阳光灿烂的夏天，我依然保持这样的习惯，享受衣物晒干后的清新气息。

同时，骑自行车让我们保持活力和健康的身体。我们没有太多玩具或电子设备可以玩，所以我们有大量的时间在户外玩耍，感受大自然和与朋友们共度美好时光。那是一个充满笑声和满足感的生活，没有忙乱的日程，也没有过多的干扰。这种慢节奏的生活让我们有时间欣赏大自然的美景，享受彼此的陪伴，以及体会生活中的美好。

简单生活意味着拥有基本的生活必需品，而没有过多的物质或精神上的干扰。这种生活方式专注于避免不必要的物质负担和不健康的习惯。同时，它也避免参与那些可能带来负能量或肤浅关系的社交活动与聚会。

如今的孩子每天花好几个小时盯着电脑、iPhone 或 iPad，而我们小时候则是在外面与朋友们奔跑、玩捉迷藏，或是在石头和泥地上玩耍。我们常常去小伙伴的家，称呼对方的父母为"阿姨"和"叔叔"。这些时光充满了简单的快乐和珍贵的友谊，构成了我们童年美好的记忆。

中国有句成语"无欲则刚"，意思是"当一个人没有过多的欲望时，他会变得坚定不屈"。这句成语强调了自我约束的重要性。如果人们能够抵御诱惑，保持无私，不受非理性欲望的驱使，他们就能保持正直和无畏。这种教义与减少对物质和欲望的过度追求是一致的。

我并不是在建议我们回到过去那种缺乏资源的生活方式，因为当社会已经如此进步时，倒退是不可能的。但问题在于，我们已经过于习惯于这种便利舒适的生活。只需按一下按钮，冰箱的出冰口就能吐出冰块；用微波炉加热几分钟，冷冻食品就能变成热腾腾、香喷喷的饭菜；按一下开关，食品加工机几秒钟内就能榨出果汁；打开Door Dash或Uber Eats，点几下，几分钟内一顿丰盛的餐食就会送到家门口。这是一种瞬时、便利和舒适的生活。我们现在的生活看似如此美好！

然而，在这个快节奏的世界里，我们有必要反思如何找到平衡。如果我们一味追求最快、最新和最便捷的事物，可能会错过生活中当下的乐趣，也无法欣赏那些缓慢而有意义的过程。我们需要在享受现代生活的便利和珍惜能带来满足感的小事之间找到平衡，才能真正体验到生活的美好。

我还在加州大学洛杉矶分校读书的时候，只有四双鞋——拖鞋、凉鞋、运动鞋和皮鞋各一双。开始第一份正式工作后，我又陆续添置了更多鞋子，随着时间的推移，鞋子的数量越来越多，最终我拥有了二十多双鞋。存放和保养这些鞋子成了一件麻烦事，尤其是那些昂贵的鞋子。我得保持它们的清洁、擦拭、打光等等。我宁愿把时间花在徒步锻炼、骑自行车和滑旱冰上。当我们从公寓搬到新房时，我意识到自己并不需要这么多鞋子。打包整理之后，处理掉一些，我现在仍然拥有16双鞋，但常穿的只有四双。

在追求外在目标的世界里——更大的房子、更新的车、更高的薪水、更有吸引力的头衔，我们常常陷入追逐下一个新事物或下一个证明自我价值的阶段。我们不断在社交媒体上发布照片，试图证明我们的生活有多幸福，从而验证自我价值和身份。我们不停地与他人比较，嫉妒别人，也希望别人嫉妒我们。我们过于在意社交媒体上收获多少"点赞"，在这个过程中，我们渐渐失去了对内在价值的关注，内心的光芒也随之消逝。

我想起了2021年的那个"醒悟时刻"，那是新冠疫情的第二年。"滚回中国！滚回中国！"我父母在伯克利的街头被人辱骂，他们感到震惊和害怕。在美国生活了几十年，他们无法理解这种仇恨背后的原因。这个国家还是那个拥抱移民、欢迎新来者的地方吗？当我听到这个消息时，心中充满了愤怒。

然后，2021年3月17日，我听到了震惊全美的亚特兰大枪击案的消息。在那场悲剧中，八名遇害者中有六人是亚裔。这个令人毛骨悚然的消息让我不寒而栗。作为一名亚裔，尤其是一名华裔女性，我深知自己也可能成为受害者之一。从那以后，我在夜晚走在街上时感到不安全。甚至在白天，即使是在工作场所这样的环境中，当我是房间里唯一的亚裔或唯一的女性时，我也能感到一丝不安。毕竟，会有多少人真正理解我，支持我，站在我这一边？我突然迫切感到需要一个联盟。

2021年的亚特兰大枪击案是一个转折点，也是一记警钟，敲响了我们每一个人的心灵。正因如此，反对亚裔仇恨的抗议和集会在全国各地掀起了浪潮。2020年，我加入了奥尔巴尼市亚太裔家长联谊会（API-PEG），并发起了"停止亚裔仇恨"委员会。不断上升的亚裔仇恨犯罪新闻让我猛然觉醒。如果每个人都只关心自己的事情，不发声、不采取行动，那还有谁会为我们伸张正义、保护我们？如果每个人的生活都围绕着自己的繁忙日程，如何才能优先考虑那些真正重要的事情？

加入亚太裔家长联谊会让我更加意识到自己的价值观和意义。我相信每个人生而平等，应该受到平等对待。我希望能够为我的亚裔同胞们站出来，传递一个强有力的信息：我们必须坚决与种族主义斗争到底，支持种族多样性。我开始积极参与亚太裔家长联谊会社区的活动，担任亚太裔演讲者系列活动的联合主持人。2022年3月，作为社区多元文化小组的一员，我代表亚太裔群体在奥尔巴尼高中与学生们分享了我的感受。集会是在学校的棒球场上举行的，面对一千多名学生，我冷静、自信、言辞清晰，讲述了自己作为一名亚裔女性的经历，并呼吁停止亚裔仇恨。事后，我收到了许多学生们的积极反馈和问候。与我的亚裔美国同伴们一起志愿服务，让我重新明确了自己的价值观。

我朋友的故事

在我的移民朋友中，大家都珍惜那些激励他们实现目标的价值观——爱、希望、努力、勇气、成长等。过一种简单而专注的生活能够让我们与自己的目标、价值观和人生意义保持一致。

- **格蕾丝的故事**

我的朋友格蕾丝是一位拥有超过二十年经验的高级财务主管，她在二十多岁时从加勒比地区移民到美国。格蕾丝对美国文化有着发人深省的见解，她认为美国文化中有一个倾向，就是过于追求物质消费——买更大的车、买船、买更先进的电器等等。她说："最终，这些东西的意义是什么？它们真正能给你带来什么？到底是什么能真正带来幸福？"格蕾丝提出了一个关于我们追求财富的根本性问题。深入思考后，她继续说道："我们想要有饭吃，想住在一所像样的房子里。但是如果我们不断追求更多，比如巨大豪宅（MacMansions）等等奢华品...有什么意义呢？为什么要追逐这些？我小时候并没有那么多东西。"

格蕾丝自豪地称自己为有志的极简主义者，因为她真的想摆脱那些多余的物品。她认为，"你不需要拥有所有那些东西，你不必追求最新最好的，那些并不重要。"她也用同样的理念来教育孩子们。说到买衣服时，格蕾丝采取了实用的态度。她不会给女儿购置大量复杂的衣物，而是在女儿的衣服穿不下时，选择去像 Target 或 Old Navy 这样的普通商店，挑选一些基础款的衣物。

此外，格蕾丝还提到，生活方式反映了优先事项。她的家庭在她成长过程中优先考虑的是教育和旅行，而不是奢华的衣服和食物，因此她有机会去世界各地旅行，并成为一名赴美交换生。她非常感激父母以这样的价值观培养她，并认为教会孩子们如何变得更有韧性以及延迟满足是非常重要的。

- **雅丝敏的故事**

前一章中我提到的朋友雅丝敏，在母亲与癌症抗争期间，她勇敢地承担起照顾母亲的责任，这段经历赋予了她独特而深刻的人生见解。她成长于20世纪70至80年代的美国，她认为那些长寿且健康的人饮食并不多也不频繁。她说："为了保持最佳健康状态，你不能摄入太多丰富的食物，比如过多的脂肪、蛋白质或糖分。没有这些过量的摄入，身体会变得更加有韧性。"基于这一见解，她补充道："关于卡路里限制的医学研究表明，如果限制饮食量，人们会更健康、活得更长——他们研究了那些蓝色地带的社区，比如冲绳和希腊的某些地区。"所谓"蓝色地带"，指的是人们可以健康长寿到100岁及以上的地区。而蓝色地带的九条健康原则之一就是吃饭只吃到八分饱（Buettner 2016）。

雅丝敏认为，过着简单的生活，并生活在紧密相连的社区中，是幸福生活的关键。受到蓝色地带社会概念的启发，她坚持认为："在那些食物不多的小村庄里，人们仍然感到幸福，因为只要有足够的食物，他们就很满足。人与人之间的互动带来了快乐。"对于雅丝敏来说，人际关系的价值是无可估量的。她回忆起自己的童年，那时他们的生活中没有高级的电话或电子设备，但和朋友们玩耍却充满了无尽的乐趣。这让她意识到，只要满足了像食物这样基本的需求，真正的幸福并不依赖太多的物质投入。

- **闵大师的故事**

现在，让我来讲述一下我的跆拳道师父闵大师的故事。他在二十多岁时从韩国来到美国留学，学习艺术和动画设计。大学毕业后，他没能找到与自己专业相关的工作。他一边艰难度日，一边想办法，于是，他决定与合伙人一起开设一家跆拳道馆——TG跆拳道来教孩子们跆拳道，其实，最重要的目的是获得绿卡。他那时并不喜欢孩子，对儿童教育也毫无兴趣，但他还是踏上了这条道路。

六个月后，有教学资格证书的合伙人离开了，闵师父感到深陷困境。他自己没有教学资格证书，就无法独立经营这家跆拳道馆，因此他陷入了恐慌和抑郁，甚至想关闭跆拳道馆。在他极度绝望的时刻，他放慢了脚步，祈祷并倾听自己内心真实的感受。当周围安静下来时，他突然意识到上帝就是爱。一个短语浮现在他的脑海中："爱孩子们。"他顿时醒悟，明确意识到自己生命的意义就是与他人分享爱。还有什么比爱孩子更有意义的事业呢？如果没有对他人的爱与帮助，追求物质财富、职业保障、事业进步或商业成功都无法带来真正的满足感。

闵师父笑着对我承认："我过去数学生的时候，其实是在数钱……以前我不是在数一个孩子、两个孩子，而是在数100美元、200美元。"他接着说道："从那次觉醒之后，我变了——我变得爱孩子。我开始基于对孩子的爱来经营这家跆拳道馆。我真心爱他们，把他们当作可爱和珍贵的孩子看待。"

从那一刻起，闵师父改变了他经营跆拳道馆的方式。他不再仅仅专注于经济利益，而是基于对孩子们深厚的爱来经营生意。虽然在最初的几年里，他依旧面临财务上的困境，但他没有放弃。通过努力、决心和对孩子们的热情，他最终让TG跆拳道馆走向了成功。随着时间的推移，闵师父扩展了跆拳道馆的项目，包括课后辅导学习中心、高中生辅导中心以及大学预备课程。这些项目不仅促进了孩子们的学术发展，还为他们提供了情感支持和安全的环境。通过他充满爱心的教学方式，闵师父影响了许多孩子和青少年的生活。他说道："学生们通过这些项目敞开心扉，真正感受到社区的归属感。他们在这里感到安全，这正是我们的目的——我们为学生们提供爱。"

一些有学习障碍的学生在闵师父的指导下取得了显著进步，而其他面临各种挑战的学生在他所营造的充满爱心的环境中找到了慰藉和归属感。有些学生成功克服了缺乏纪律、自控力或依赖药物等不良习惯，生活中发生了令人鼓舞的积极变化。

闵师父的贡献不仅限于教学。他还为青少年提供了实习和就业机会，帮助他们成长为负责任、有自信的个体。他带领学生们参加比赛、志愿服务和社区建设活动，鼓励他们上进和成长。有些学生甚至在全国比赛中表现优异，成为美国国家队的一员。

经过二十年的努力，闵师父如今已成为一位成功的企业家。他始终坚持自己的内在价值观，并以此为指引，充满激情地经营事业，他以爱为本的价值观推动他每天不断前行。他的公司现已成为当地备受推崇的商业和学习中心。他的故事强有力地提醒我们：遵循真正的价值观并追求发自内心的目标，不仅能带来财务上的成功，还能在积极影响他人的生活中实现个人的成功。

指南

我们需要过一种简单的生活，缓慢、专注、且清晰，这是拥有健康、放松和快乐生活的关键。简单的生活滋养我们的身心，让我们能够专注于生命中最重要的事物——健康、人际关系和价值观。通过简化生活，我们建立一个坚实基础，让我们有能力应对压力，并在挑战面前增强韧性。通过简化，我们为自己创造一个可以茁壮成长的空间，并珍惜那些真正重要的事物。

要让生活方式变得简单，我们需要从四个方面进行考虑。

首先，我们不追求过度的物质财富，适量即可。

多少物质财富才是足够的？这是一个很难回答的问题。每个人对自己需要多少都有不同的理解。很多人的幸福感建立在物质财富基础上，但设定界限至关重要。在确定"过多"之前，你可能需要问自己几个问题：

- 除了必需品（三餐和住所）之外，你花多少时间追逐新的物品？
- 你在这些商品上花了多少钱？
- 这些物品带给你的真实幸福有多少？

实际上，我们的核心需求相当简单：每天三餐均衡的饮食、一个舒适的家、几件衣物和鞋子即可。我们的住所应是一个平和与美好的地方，散发宁静与温馨。除此之外的东西都可以视为多余。

以下方法帮助我评估和精简我的物品：

1. 制定一个为期三个月的计划，定期评估衣柜和橱柜里的物品。
2. 移除那些不再需要或很长时间没有使用过的物品。
3. 将这些物品捐赠、回收或丢弃。

简化生活可以帮助我们摆脱多余的负担，更好地珍惜真正重要的事物，铺平通向更充实生活的道路。

其次，我们要培养健康的习惯和建立良好的人际关系。

健康的习惯包括：保持均衡的饮食、定期锻炼、确保每天七到八小时的睡眠、戒烟以及适量饮酒。关于健康饮食的文章有很多，我总结了几种简单实用的方法，以帮助大家更健康地饮食：

1. 选购各种各样的蔬菜和水果
2. 减少食用加工肉类
3. 自己动手做饭，发挥创意

要在饮食或生活方式上做出巨大改变并不容易，关键是从小处着手，增加趣味。

第三，我们要设定界限，并且知道何时以及如何对自己的"弱点"说"不"。

氪石是"超人"电影中一种虚构的物质，可以削弱超人的力量。我们每个人都有自己的"氪石"，就是我们的弱点。氪石可以以任何形式存在，例如过量的食物、衣服、鞋子、化妆品或消极的想法、关系或习惯。要过上简单的生活，我们应将氪石从日常生活中移除。我们需要倾听内心的声音，识别自己的"氪石"。

- **对添加剂以及不健康的物质说"不"。** 在追求即时满足的过程中，许多人在生病时往往缺乏耐心，无法给身体足够的时间自行恢复。为了迅速缓解不适、治疗疾病或减肥，很多人过度依赖药物。然而，我们需要学会信任自己的身体，给予它时间和空间去恢复和自我修复。

- **对攀比说"不"，尤其是那些通过社交媒体平台进行的比较。** 与他人比较得越少，我们的生活就越放松，过得也越简单。我们的价值不应被社交媒体上的"点赞"数量所定义，而应源于我们内心的真实自我与独特的经历。

- **对不必要的邀请说"不"。** 如果我们对每一个邀请都一概答应"好"，那么我们的精力很容易被各种会议、聚会和派对消耗殆尽。我们需要问自己，这些邀请是否符合我们的价值观，它们是有益于我们的身心，还是带来消耗和伤害？

- **对有害或不健康的关系说"不"。** 与拒绝不必要的邀请类似，我们也需要审视每一段关系，问自己：这段关系是否为我带来了快乐与平静，还是让我感到疲惫、不安，甚至怀疑自己的价值？

这个"说'不'"的清单可以不断延续下去，但最重要的起点是意识到问题的存在。我们需要花时间独处，倾听内心的智慧。冥想或祷告是与内在智慧沟通的好方式。以下几个问题可以帮助我们反思：

1. 我是否在这件事上投入了过多的时间或精力？
2. 这对我的健康是否有益？
3. 它让我的生活变得复杂，还是更加简单？
4. 这对我来说重要吗？
5. 是否已经到了该说"不"的时候？

识别你的"氪石"，并学会掌控它。以下是我的"氪石"和我在生活中如何克服它们的例子：

1. **过量糖分：** 为了减少糖分摄入，我避免购买含糖量高的食物，如蛋糕、饼干和冰淇淋。我给自己设定了一条规则：每周最多吃这些甜食三次。

2. **过多社交媒体：** 我意识到自己在社交媒体上花费太多时间，尤其是在微信上。于是我设定每日使用时间上限为一小时，同时减少发帖频率。这样一来，我就获得更多的时间去专注于烹饪、清洁和写作等我喜爱的活动。

小习惯可以产生深远的影响。通过一点点的改变，你能够逐步战胜你的"氪石"。

- 对自己保持耐心
- 找一个合适的计划或项目来参与
- 与朋友或家人组队共同努力
- 对自己保持责任感

只要有决心，通过这些小而有效的习惯，你就能够消除"氪石"，从而彻底改变你的生活。

第四，我们需要为真正重要的事物创造空间，这样才能优先专注于我们的价值观和目标。

倾听内心声音的一个有效方法是留出安静的时间，进行内省，例如通过冥想、独处或祷告。另一种方式是与一位值得信赖的朋友进行坦诚的讨论。此外，加入一个与你价值观一致的非营利组织。

我安静时会问自己以下几个重要问题：

- 我最珍视的三大价值观是什么？
- 我最钦佩的人是谁？我最钦佩这人的品质是什么？
- 我最深的承诺是什么？

通过这些反思，你将发掘出真正的自我，培养更加丰富、充实的人生。

总而言之，人类天生既有优点也有缺点。简单的生活方式可以滋养我们的身心，帮助我们保持内在的力量。通过简化生活，我们能够清除不必要的干扰，更好地专注于真正重要的事物，比如培养健康的习惯和维系良好的人际关系。幸福和自信并不依赖于过多的物质财富。要实现简单的生活，环境的觉察至关重要，并且我们还需减少"氪石"带来的负面影响。从小处着手，逐步消除分心和有害的习惯，为更加平衡的生活奠定基础。

结论

*我们完全无法控制生活中发生的事情，但我们最能控制的是我们
如何应对这些事件。*
—维克托·弗兰克尔

人类拥有令人难以置信的韧性。经过数百万年的进化，我们已经
掌握了在恶劣环境中生存与发展的必要知识和技能。我们的身体
与心灵天生具备承受苦难的能力，蕴藏着内在的力量与资源，使
我们能够从逆境中恢复。有时我们可能会觉得自己是生活的受害
者，但我们必须提醒自己，面对挑战时，我们有能力选择自己的
态度，并最终战胜它们。

在人生的旅途中，黑暗时刻常常让我们感到绝望与无助。艰难困
苦是每个人无法避免的，只是经历各有不同。对我的父母而言，
他们所面对的挑战包括战争、自然灾害、饥荒以及政治动荡带来
的创伤。而对我来说，这些挑战则体现为疾病、年幼时与父母的
分离、职业生涯中的阻碍、照顾年迈父母的重担，以及在跨文化
环境中抚养子女的种种困难。

当今社会，人们面临各种各样的压力，包括学业压力、信息超
载、经济负担、不确定的未来、社会压力、心理健康和药物滥用

挑战、环境问题、安全问题等等。每个人的经历独特，因此担忧和压力也各不相同。

我曾经陷入深深的自责。例如，当小女儿生病时，我因为没有及早发现她的病情而懊悔不已，并且一直担心她的哮喘无法治愈。那段时间我常常彻夜难眠。回想起来，我希望那时能够更好地处理自己的压力。从她生病住院开始的五年时间里，她的病情成为全家人的关注焦点。每年冬天，她的哮喘都会发作，情况一度非常糟糕。然而，在她六岁之后，哮喘竟然完全治愈了。在我们的悉心照顾和她坚持的体育锻炼下，她变得强壮而坚韧，甚至在体力和身高上都超过了我。现在回想起来，我当时的绝望其实是多余的。

生活无疑充满了挑战，但正是通过这些挑战，我们才变得更加坚强和有韧性。我并不是建议你为了获得韧性而主动追求痛苦。如果有机会避免痛苦和创伤，当然应该避免不必要的伤害。然而，通过观察我的父母如何应对和克服生活中的困难，我汲取了宝贵的经验、灵感和教训，这些都帮助我建立了自己的韧性。每个人都可以通过观察他人的生活经历，学会在困难面前如何坚韧不拔，逐步培养出自己的韧性。

在中国长大，我们学会了坚忍不拔，从不在人前哭泣，努力工作，从不抱怨。我们有一句谚语："打掉的牙往肚里吞。"精神崩溃意味着你太过软弱，无法应对困难，你必须学会坚强和勇敢。

一位老师曾告诉我们："如果你从未经历过饥饿，你就不算真正经历过苦难。" 换句话说，"只要你有足够的食物吃，其他都不算大事。" 这是我们在20世纪70年代到80年代在中国成长时的心态。然而，当今世界发生了很大变化，物质上的富足无法满足精神的需求。许多发达国家虽然物质资源丰富，但精神疾病和压力崩溃层出不穷，解决的办法不再是简单地强硬坚持。

建立韧性需要首先增强我们的身体和思维，而不仅仅是简单的强硬地*坚持下去*。这就是为什么书中的建立韧性的第一个原则是滋养和治愈我们的身体，最后一个原则是过简单的生活。这两个原则齐头并进，满足我们身体的需求并为自己创造一个滋养的环境。

根据我父母的故事和我的个人经历，我总结出了七条原则，帮助我们通过建立韧性来应对生活中的困难。这些原则蕴含着永恒和普遍的价值观，能够帮助你克服生活中的挑战。它们彼此交织、相互支持、相互促进。如果你此刻正感到生活陷入困境，希望这七条原则能为你提供帮助和指引。

原则一：滋养与治愈。这一原则强调自我关怀和关怀他人的重要性。我们需要悉心照顾自己，疗愈身心的创伤，并相信我们具备自我疗愈的能力和增强韧性的潜力。自我关怀可以滋养我们的身体和心灵，使我们更加坚强，同时也应以慈悲之心对待他人。

滋养与治愈能够恢复我们的身心健康，健康的生活方式使我们更加自信。在困难时期，它帮助我们培养韧性，重获能量，建立积极的心态，并改善生活环境。

此外，这一原则还帮助我们保持希望和感恩之心，增强适应能力。它不仅帮助我们与他人建立牢固的关系，也帮助我们与神或超自然的力量建立深厚的联系。

原则二：拥有目标、希望与梦想。该原则鼓励我们设定有意义的目标，培养抱负，追求梦想。

确定我们的激情和梦想，可以促使我们努力向前实现目标。这一原则不仅为我们提供了方向和动力，还增强了我们克服困难，努力向前的决心。该原则让我们专注于光明的未来，帮助我们克服当前的障碍。

这一原则不仅为我们提供了滋养、治愈和与他人建立联系的动力，还引导我们追求精神信仰，增强适应能力，同时保持一颗感恩之心。

原则三：心怀感恩与知足。这一原则提倡心怀感恩，活在当下，珍惜已有的事物，而不是一味关注我们所缺少的。

感恩可以培养积极的心态，增加满足感，以及专注于自己的祝福。知足长乐的心态帮助我们以平和的心态接受生活中无法控制的事情。无论我们面对的是顺境还是逆境，始终保持感恩和内心的平静，有助于我们应对生活中的挑战，并找到克服困难的解决之道。

这一原则使我们能够接受命运的安排，赋予我们力量自我疗愈，重拾希望，并与上帝或超自然的力量相联系；该原则帮助我们在面对挑战时，依靠他人汲取力量，渡过难关。

原则四：精神信仰。这一原则强调，精神信仰帮助我们找到人生的意义和方向，让我们与上帝或超自然的力量保持联系。

精神信仰为我们提供了欣赏生活美好的视角，帮助我们应对挑战，赋予我们力量，并使我们的思想更加坚定。

这一原则滋养我们的心灵，带来希望，使我们心怀感恩，并赋予我们适应环境和与他人建立联系的能力。

原则五：保持适应性与成长型心态。该原则强调拥有成长型心态的重要性，让我们对变化持开放态度，视挑战为个人成长的机会。

通过保持积极的心态和灵活的态度，我们能够从失败中汲取教训，发展新技能，并开放接受新想法，以适应生活中不断变化的环境。这个原则帮助我们增强对自身能力的信心，并在困难时期找到解决问题的途径。

该原则倡导我们应具备灵活变通的能力、积极的心态和充满希望的态度，同时强调自我疗愈的力量、心怀感恩的重要性，并通过与他人建立联系实现个人成长。

原则六：保持联系。该原则强调与他人建立联系的重要性，突出培养归属感和社区感的价值。

在我们成长的过程中，往往是从他人的支持中汲取力量，与他人的合作促使我们不断提升和成长。朋友给予的情感支持和物质帮助，对我们的成功与理想的实现起到了重要作用。

这一原则给我们带来活力、能量和希望；友谊帮助我们疗愈创伤，培养感恩之心，并帮助我们与他人保持良好的关系。

原则七：过简单的生活。这个原则鼓励我们简化生活，减少不必要的杂乱，专注于那些真正带来心灵愉悦和满足的核心事物，摒弃过度的物质追求和生活的复杂性。

简单的生活让我们腾出时间、精力和资源，专注于符合自身价值观的活动；简单的生活也有助于身心灵的健康。简约使我们聚焦于生活中最重要的事情，而不被外界的干扰分散注意力。

这一原则倡导我们专注于那些与自身价值观相一致的重要关系，同时帮助我们恢复健康的生活方式。

在面对巨大压力时，这七项原则是非常有用的工具。在我的一生中，我犯了无数错误，经历了许多失败。我曾丢失过重要的移民文件，错过了驾驶执照考试，职业工程师考试也失败了两次。在工作中，我与同事发生过争吵，在家里对孩子们发过火，甚至在演讲台上失去过信心。这类经历不胜枚举。无数次我被内心的怨恨与自责折磨，度过了无数失眠的夜晚，陷入失望与痛苦之中。回想起来，我多么希望当时就能理解这些原则。

从错误和失败中学习是人类的共性，我也不例外。我愿意从不幸和失败中汲取宝贵的经验和教训。幸运的是，我拥有较强的学习能力，并且从挫折中不断学习和成长。理解这七项原则并不意味着我已经能够熟练运用，我仍在不断提升自己。学习是一生的功课，我会继续努力在生活中实践这些原则。如果你对自己的学习能力有所怀疑，不必担心，你同样拥有无限的潜力去学习、成长和改变。

值得注意的是，虽然这些原则能够帮助我们管理生活中的压力：

但它们并不是解决所有心理健康问题的灵丹妙药。我们应将其视为辅助工具，而不是用来替代医疗专业人员指导的手段。这些原则可以帮助个人发挥内在力量，缓解精神上的痛苦，避免走向崩溃。同时，这些原则也有助于个人的成长和发掘自身潜力。

这七项原则不仅帮助我增强对环境的适应力，还改善了我与周围人的关系。我变得更乐于帮助他人，也更有能力去帮助他人。作为人生教练，我能够更敏锐地体察他人的情感，并学会从他们的角度看待世界。他们的奋斗经历为我打开了新的视角，让我对人性有了更深的理解。我非常感激他们愿意让我走进他们的生活，辅导他们的过程也让我变得更加谦逊，富有同理心。

也许你对年轻一代的软弱感到沮丧，那么建议你仔细阅读这七项原则。如果你为人父母，更应该用这些原则来引导孩子们培养适应力。与其批评他们的软弱，不如帮助和引导他们成为坚韧不拔的人。请记住，每个人的成长历程各不相同，因此耐心的培养至关重要。

我认为，在生活中应用这些原则和掌握任何技能或习惯一样，都需要时间和练习。迪·鲍尔（De Boer）在《19 个令人震惊的新年决心统计数据》（2023 年）中指出，大多数人在年初制定新年决心，但大部分人在一月底前就放弃了，因为坚持下去很难，只有 9% 的人能够成功实现他们的新年目标（De Boer 2023）。我想告诉你，失败没关系，关键在于你要努力振作并继续前进。我们不需要等到下一个重要的日子或一月一日才开始新计划。每一天都是一个新的开始，一个全新的起点。

我完全理解，并非所有原则都能引起你的共鸣。哪怕你只认同其中的一些策略，我也感到满足。如果你能够以自己独特的方式去应用其中的一部分原则，我就已经心满意足了。

路就在你面前，你将选择自己的道路，开启你独特的人生旅程。我相信你具备创造力与韧性，相信你能够拥有得胜的人生，过上丰盛而充实的生活。

致谢

我怀着衷心的感激之情写下这封致谢信。首先，我感谢我坚强的父母，他们是我力量和灵感的源泉。我的父亲才华横溢、善良优雅，他培养了我对文学和写作的热爱。虽然我的学科背景是理工科、没有文学学位，但父亲始终相信我有能力写出引人入胜的故事。正是这份信任，推动我踏上了这段写作之旅。他的离世激发了我写作的热情，我迫切地想分享我父母的传奇故事，他们是人类坚韧不拔精神的象征。

我要衷心感谢 Manuscripts 团队的 Eric Koester、Shanna Heath、Kyra Ann Dawkins 及其他讲师和工作人员。正是你们让我看到这个新领域，让我相信讲述自己故事的力量。我的营销专家 Kelley Wilson 以及编辑 Zen Grabs 和 Frances Chiu，你们的指导、智慧和耐心，帮助我梦想成真。

我特别感谢好朋友尤吉娜·乔丹 (Eugina Jordan)，她鼓励我写这本书，为我成为一名出版作家铺平了道路。她的支持和深刻洞见是我写作过程的指路明灯。

我的测试版读者们，感谢你们花费大量时间阅读我的草稿并提供宝贵的反馈。正是你们的意见，让我的书更加生动、有趣。

我亲爱的家人，我的丈夫和三个女儿，你们坚定不移的爱是我源源不断的力量。我的哥、嫂、侄女、侄子和大姑姐，你们对我的信任和坚定支持，是我人生中最宝贵的财富。

最后，我想感谢在书籍预售期间支持我的所有朋友——从二十岁的年轻学生到九十四岁的高龄长者。你们丰富的智慧和经验给予了我无尽的启迪和鼓励，你们的慷慨和支持深深地感动了我。

Aileen Goh	Ann Cripps	Dale Benveniste
AJ Umandap	Annette Zou-Viola	Dale Carson
Alan Marks	Aubrey Carrier	Dale Taormino
Ali Dorris	Benjamin Chan	Dana Gilland
Alice Chen	Bobo Leong	Daniel Rosales
Amanda Johnson	Bryan Hayden	David Won
Amy Cheng	Caroline Gould	Debby Poon
Amy Hall	Cecilia Li	Deborah Han
Amy Lin	Chang Su	Dennis Huang
Amy Louise Aasen	Changyi Zhao	Dongni Huang
Amy Zheng	Cheer Cao	Edwine Alphonse
Andrew Bennett	Chen Chen	Elena Keung
Andy Chen	Chiungchi Wang	Elizabeth Brawley
Angela Ding	Christine Chandler	Ellen Ross
Angela Federigi	Christopher Roldan	Emily Fong Mitchell
Angela Shen	Chunye (Carrie) Lu	Emily Wang
Angelina Yang	Daisy Xin Li	Emmelyn Kim
Angie Huang	Dalai Jin	Eric Koester

Erica Moore
Ester Rabinovici
Eugina Jordan
Eunice Kim
Fang Chen
Fang Dixon
Fatema Basrai
Gavin Harris
Ge Xia
Ghita Filali
Haishan Zheng
Haixia Yu
Haoyu Wang
Heidi Lorenzen
Hong Shen
Hong Zhou
Hongliang Yang
Hongxia Chen
Hua Yu
Hua Zhong
Huangming Wei
Hui Kong
Huiling Song
Huimin Li
Huynh Schmid

Ivy Shen
Jacqueline Leng
Jamie Fossen
Jean Brewster
Jennie Byrne
Jennifer Liang
Jennifer Chen
Jennifer K Chen
Jennifer Chiou
Jennifer McGlothern
Jenny (Jing) Liang
Jessie Lee
Jia Yang
Jia Hu
Jia Jia Ma
Jian Tong
Jian Huang
Jianying Liu
Jiayin Wei
Jie Dong
Jifei Jia
Jill Guindon-Nasir
Jing Yang
Joanne Walters
Joany Xue

Joy Powell
Julia Cai
Jun Li
Junping Gong
Karen Gee
Karen Truong
Karen Wang
Kathy Doan
Kathy Rai
Kevin Moss
L Tong
Lara Thornley Hall
Lauren Van Wazer
Laurie Li
Lei Tian
Lei Xu
Leila Knox
Leo Chung
Lexin Chen
Lijun wang
Lilian Sun
Lilly Ji
Lily Zhang
Lin Zhu
Linlin Guo

Lisa Guan

Lisa Nelson

Lisa Yang

Lixa Marie Anderson

Lizhen Zheng

Loren Rosario-Maldonado

Lu Jin

Lucie Newcomb

Lucy Wu

Lucy Xie

Lulu Wang

Lydia Guan

Lydia Zhang

Lynn Casey

Margaret Tang

Margaret Mays

Marion Parrish

May Shiu

May Adams

May Chan

May Yuan

Meghan Doscher

Mei Wang

Melanie Rothstein

Mengzhi Hu

Mibo Gong

Michele Ching

Lina Park

Linda Rossetti

Lindsay Hua

Michele Ling

Michele Nealon

Michelle Kong

Michelle Pecak

Michelle Bufano

Michelle Finocchi

Mike Nie

Milton Chak

Min Ding

Mindi Cheung

Misty Farr

Mochen Ding

Mona Tavss

Monica Bloom

Monica Chen

Monika Cechova

Na Luo

Nabil Jarachi

Nadia Boucherk

Nai Kanell

Nan Li

Nan Wang

Nancy Zhang

Natasha Durkins

Nicholas D'Souza

Nicole Arnold

Ning Li

Nyrka Riskin

Ofer Yitzhaki

Patricia Chadwick

Pok Chan

Qingyong Zheng

Qinglian Mao

Randi Lee

Rayleen Thielman

Raymond Ho

Regina del Barco

Regina Lau

Richard Wei

Robin Merle

Ruihong Xiao

Sabina Schneider

Sandra Lo

Sarah Montague

Serena Rao
Shannon Lum
Shao Song
Shari Begun
Sheena Yap Chan
Shelly Ouyang
Shelly Stang
Shen Li
Sherry Hsi
Sherry Linert
Shirley Chen-blum
Shuli Fan
Shuying Zhu
Simone W Johnson
Stephanie
Falkenstein
Sujatha Asokan
Suping Shue
Susan Ji
Talila Millman
Taoming Gan
Teri Gooden
Tiffany Tsa
Timea Bara

Tom Srukhosit
Tracy Fong
Trish Burgess
Vermouth Li
Vernon Stewart
Veronica Flanagan
Vivian Wu
Wei Tao
Wei Wang
Wei Wu
Wei Zhang
Weina Wu
Wen Song
Wendy Collins
Wendy Hui
Wendy Wang
Wenying Yuan
Will Xu
Xiang Ding
Xiange Zheng
Xiao Jing Si
Xiaohui Chen
Xiaomei Song
Xiaowen Hu

Xiaoyu Zhang
Xinghong Zhang
Xue Ge
Yan Wu
Yan Jiao
Yan Wang
Yan Yang
Yang Huang
Yanming Xu
Yanwen Yu
Yao Li
Ye Han
Yi Lin
Yiling Yu
Youfang Liu
Yu Mei
Yuhong
Wang-Brunner
Yukiko Brown
Yun Wang
Zhe Zhao
Zhongkun Liu
Zhou Yan Chen

这本书是爱的结晶，没有你们的支持，它根本不可能完成。我由衷地感激你们的陪伴和鼓励。

最后，我衷心感谢我的挚友，梁洁，龚泌波，钟华，于伟铃，张为，周洪，郑祥娥，魏宇辰，在将这本书翻译成中文版的过程中，你们的鼓励、智慧和始终如一的支持对我来说无比珍贵。

附录

引言

American Psychological Association. 2022. "Resilience." *American Psychological Association.* May 2022. https://www.apa.org/topics/resilience.

Brown, Clayton D. 2012. "China's Great Leap Forward." *Association for Asian Studies.* Volume 17:3 (Winter 2012). https://www.asianstudies.org/publications/eaa/archives/chinas-great-leap-forward/.

IOM (Institute of Medicine) Committee on Palliative and End-of-Life Care for Children and Their Families. 2003. "Chapter 2 Patterns of Childhood Death in America." In When Children Die: Improving Palliative and End-of-Life Care for Children and Their Families, edited by M.J. Field and R.E. Behrman. Washington, DC: National Academies Press. https://www.ncbi.nlm.nih.gov/books/NBK220806.

Global Talent. 2022. "The mental health of Gen Zs and millennials in the new world of work." *Deloitte.* May 2022. https://www2.deloitte.com/content/dam/Deloitte/global/Documents/deloitte-2022-genz-millennial-mh-whitepaper.pdf.

Klein, Christopher. 2022. "China's Overlooked Role in World War II." *History.com.* May 18, 2022. https://www.history.com/news/china-role-world-war-ii-allies.

McPhillips, Deidre. 2022. "90% of US adults say the United States is experiencing a mental health crisis, CNN/KFF poll finds." *CNN health.* October 5, 2022. https://www.cnn.com/2022/10/05/health/cnn-kff-mental-health-poll-wellness/index.html.

O'Neill, Aaron. 2022. "Infant mortality in China 1950-2020." *Statista.* Jun 21, 2022. https://www.statista.com/statistics/1042745/china-all-time-infant-mortality-rate/.

Prashad, Vijay, John Ross. 2021. "A history of China's fight against poverty."
Asia Times. July 2, 2021.
https://asiatimes.com/2021/07/a-history-of-chinas-fight-against-poverty/.

第一章：我的父亲

Benabdeljalil, Ilyas. 2023. "Why the Chinese Civil War was the Bloodiest in
Modern History." *The Collector.* Jan 18, 2023.
https://www.thecollector.com/chinese-civil-war-bloodiest-in-modern-history/.

Mitter, Rana. "Liberation in China and the Pacific." *The National WWII
Museum.* Accessed August 30, 2023.
https://www.nationalww2museum.org/war/articles/liberation-china-and-pacifi
c#:~:text=Origins%20of%20the%20War%20in,war%20between%20China%
20and%20Japan.

Smil, Vaclav. 1999. "China's great famine: 40 years later." *The National
Library of Medicine.* Dec 18, 1999.
https://www.ncbi.nlm.nih.gov/pmc/articles/PMC1127087/.

TAO, LIQING, MARGARET BERCI and WAYNE HE. Accessed August 30,
2023. "Historical Background: Expansion of Public Education." *The New
York Times.*
https://archive.nytimes.com/www.nytimes.com/ref/college/coll-china-educati
on-001.html.

The Editors of *Encyclopaedia Britannica.* 2023. *"Chinese Civil War."*
Britannica. Aug 17, 2023.
https://www.britannica.com/event/Chinese-Civil-War.

The Times Higher Education. "University of Science and Technology of
China." *The Times Higher Education.* Accessed August 30, 2023.
https://www.timeshighereducation.com/world-university-rankings/university-s
cience-and-technology-china.

Wingfield-Hayes, Rupert. 2015. "Witnessing Japan's surrender in China."
BBC News. September 2, 2015.
https://www.bbc.com/news/magazine-34126445.

Witzke, Mark. 2017. "How Much of China did Japan Control at its Greatest
Extent?" *Pacific Atrocities Education.* July 24, 2017.
https://www.pacificatrocities.org/blog/how-much-of-china-did-japan-control-a
t-its-greatest-extent.

第二章：我的母亲

Brown, Clayton D. 2012. "China's Great Leap Forward." *Association for Asian Studies*. Volume 17:3 (Winter 2012). https://www.asianstudies.org/publications/eaa/archives/chinas-great-leap-forward/.

Du, Elaine. 2022. "Women Hold Up Half the Sky": A Woman's Role during the Cultural Revolution." *Union College, Spring 2022*. May 15, 2022. https://muse.union.edu/aah194-sp22/2022/05/15/women-hold-up-half-the-sky-a-womans-role-during-the-cultural-revolution/.

Fredén, Lars Peter. 2015. "Sweden honors 65 years of diplomatic relations with China." *Global Times*. May 17, 2015. https://www.globaltimes.cn/content/922076.shtml.

Kobayashi, Shigeo, Jia Baobo and Junya Sano. 1999. "'Three Reforms' in China: Progress and Outlook." *Japanese Research Institute*. September 1999. https://www.jri.co.jp/english/periodical/rim/1999/RIMe199904threereforms/.

Philips, Tom. 2016. "The Cultural Revolution: all you need to know about China's political convulsion." *The Guardian*. May 10, 2016. https://www.theguardian.com/world/2016/may/11/the-cultural-revolution-50-years-on-all-you-need-to-know-about-chinas-political-convulsion.

Yi, Xiaocuo. 2020. "Blood Lineage." *Made In China Journal*. March 6, 2020. https://madeinchinajournal.com/2020/03/06/blood-lineage/.

第三章：我的童年和移民故事

Connolly, Kate. 2010. "Angela Merkel reveals her East German food stockpiling habit." *The Guardian*. September 28, 2010. https://www.theguardian.com/world/2010/sep/28/angela-merkel-stockpiling-food-east-germany.

Rafferty, John P. 2023. "Tangshan earthquake of 1976." *Encyclopaedia Britannica*. July 21, 2023. https://www.britannica.com/event/Tangshan-earthquake-of-1976.

第五章：原则一—滋养和治愈

Ash, Alec. 2016. "Is China's gaokao the world's toughest school exam?" *The Guardian.* October 12, 2016. https://www.theguardian.com/world/2016/oct/12/gaokao-china-toughest-school-exam-in-world.

Brown, Brené. 2010. "The Power of Vulnerability." TEDxHouston. June 1, 2010. 20'49." https://www.youtube.com/watch?v=iCvmsMzlF7o.

Frankl, Victor. 1984. *Man's Search for Meaning.* New York: *Washington Square Press.* P. 36. https://ia801809.us.archive.org/19/items/mans-search-for-meaning_202104/Man%27s%20Search%20For%20Meaning.pdf.

Harrington, Anne. 2008. *The Cure Within: A History of Mind-Body Medicine.*

Icahn School of Medicine at Mount Sinai. *Mind-body medicine.* Accessed August 30, 2023. https://www.mountsinai.org/health-library/treatment/mind-body-medicine.

Jockers, David. "Episode #185—Top 10 Strategies for Improving Deep Sleep." *DrJockers.com.* Accessed August 30, 2023. https://drjockers.com/episode-185-top-10-strategies-for-improving-deep-sleep/.

Mayo Clinic Staff. 2022. "Meditation: A simple, fast way to reduce stress." *Mayo Clinic.* April 29, 2022. https://www.mayoclinic.org/tests-procedures/meditation/in-depth/meditation/art-20045858.

McCullough, J.E.M., Liddle, Sinclair, Close, and Hughes. 2014. *Hindawi.* May 5, 2014. https://www.hindawi.com/journals/ecam/2014/502123/

Mckinty, Rebecca. "Rewire Your Brain with Mindfulness." *Neurotrition.* Accessed August 30, 2023. https://neurotrition.ca/blog/rewire-your-brain-mindfulness.

Pacific College of Health and Science. "Healthy Body, Healthy sole—Foot Health and Chinese Medicine." *Pacific College of Health and Science.* Accessed August 30, 2023. https://www.pacificcollege.edu/news/blog/2014/07/17/healthy-body-healthy-sole-foot-health-and-chinese-medicine.

Quinn, Daley, Sarah Bence. 2022. "Foot Reflexology Chart: How it Works, Potential Risks, and Benefits." *Healthline.* January 27, 2022. https://www.healthline.com/health/foot-reflexology-chart#what-it-is.

https://news.cornell.edu/stories/2010/03/study-shows-experiences-are-better-possessions.

Molina, Olga. 2023. "Hustle Culture: The Toxic Impact on Mental Health." *talkspace.com*. February 20, 2023. https://www.talkspace.com/blog/hustle-culture/.

Ryssdal, Kai. 2013. "Processed Foods Make Up 70 Percent of the U.S. Diet." *Market Place*. March 12, 2013. https://www.marketplace.org/2013/03/12/processed-foods-make-70-percent-us-diet/.

Scott, Elizabeth. 2022. "How to Deal with FOMO in Your Life." *Very Well Mind*. November 16, 2022. https://www.verywellmind.com/how-to-cope-with-fomo-4174664.

Tahmaseb-McConatha, Jasmin. 2022. "Technology Use, Loneliness, and Isolation." *Psychology Today*. October 19, 2022. https://www.psychologytoday.com/us/blog/live-long-and-prosper/202210/technology-use-loneliness-and-isolation.

结论

De Boer, Mick. 2023. "19 Mind-Blowing New Year's Resolution Statistics (2023)." *Inside Out Mastery*. Accessed August 30, 2023. https://insideoutmastery.com/new-years-resolution-statistics/.

www.ingramcontent.com/pod-product-compliance
Lightning Source LLC
Chambersburg PA
CBHW060923120626
46557CB00003B/851